Justiça Federal

Propostas para o futuro

P332j   Paulsen, Leandro
      Justiça Federal: propostas para o futuro / Leandro Paulsen.
— Porto Alegre: Livraria do Advogado, 1996.
      88 p.; 14x21 cm.

      ISBN 85-85616-88-1

      1. Justiça Federal: Brasil. 2. Poder Judiciário: Brasil. I. Título.

CDU   347.992(81)
        347.97(81)

Índice para catálogo sistemático

Justiça Federal: Brasil
Poder Judiciário: Brasil

(Bibliotecária responsável: Marta Roberto, CRB 10/652)

Leandro Paulsen

Justiça Federal

Propostas para o futuro

livraria
DO ADVOGADO
editora

Porto Alegre
1996

© Leandro Paulsen

Revisão:
Rosane Marques Borba

Capa e projeto gráfico:
Livraria do Advogado Ltda.

Composição gráfica e filmes:
Grafline Assessoria Gráfica e Editorial

Direitos desta edição reservados por
Livraria do Advogado Ltda.
Rua Riachuelo, 1338
Fone/fax (051) 225 3311
90010-273 Porto Alegre RS

Impresso no Brasil / Printed in Brazil

Para

Ana Laura Christensen,
in memorian

Larissa,
minha esposa

Valdir e Beatriz,
meus pais

Prefácio

No ano de 1994, o Centro de Estudos Judiciários do Conselho da Justiça Federal e a Associação dos Juízes Federais do Brasil, somando forças, resolveram promover um concurso de monografias. O tema foi "Justiça Federal, Propostas Para o Futuro". Destinatários, os Juízes Federais. O prêmio era tentador. Participar de um estágio no "Federal Judicial Center", em Washington, DC, Estados Unidos da América. Sem custos de qualquer espécie.

Formou-se Comissão Examinadora. Presidida pelo Ministro Francisco Dias Trindade (STJ), tinha ainda como membros, os Juízes Paulo de Freitas Barata e José Lázaro Alfredo Guimarães, respectivamente dos Tribunais Regionais Federais da 2ª e da 5ª Regiões. Deu-se ampla divulgação. Foram apresentados vários estudos, sob pseudônimo. Todos de excelente nível técnico. Apurados os resultados, identificados os autores, proclamou-se a vitória do Juiz Federal Leandro Paulsen.

O trabalho é digno de vitória em certame de âmbito nacional. Sintetiza, em linguagem clara e objetiva, o passado, o presente e as perspectivas da Justiça Federal no Brasil. Fornece dados estatísticos, de regra, desconhecidos pela comunidade jurídica. Aponta o seu papel político e sua influência no desenvolvimento econômico do País. Encadeando pensamentos sobre o Judiciário ideal, fornece sugestões concretas para a mudança e o aperfeiçoamento da Justiça Federal.

Apesar de reimplantada no Brasil em 1967, a Justiça Federal ainda é pouco conhecida. Os cursos de Ciências Jurídicas dão-lhe pouco destaque. Sem qualquer dúvida, esta obra veio a preencher uma lacuna existente na literatura jurídica nacional. É de consulta obrigatória para todos que se interessam pelos temas relacionados com o Judiciário brasileiro.

A juventude do autor (25 anos) e a excelência de seu trabalho enchem-nos de esperanças. Justificam a crença na nova geração de Juízes Federais do Brasil. Leandro Paulsen situa-se entre aqueles que não se limitam às atividades judicantes, por si só estafantes. Vai além. Estuda, escreve, contribui para o engrandecimento da Justiça Federal e, conseqüentemente, de seu País.

Porto Alegre, setembro de 1995.

Vladimir Passos de Freitas
Juiz do Tribunal Regional Federal da 4ª Região
Presidente da Associação dos
Juízes Federais Brasileiros — AJUFE

Sumário

Introdução 13

ANTECEDENTES HISTÓRICOS 17
Criação e ressurgimento da Justiça Federal 17
Novo perfil 19
A Justiça Federal hoje 19

O PAPEL POLÍTICO DA JUSTIÇA FEDERAL 21
Segurança e equilíbrio federativo 21
O exercício da função política 22
O Judiciário e suas funções não-jurisdicionais . 23
Manifestação da soberania 24
Fonte de legitimidade 25
A independência dos Poderes 26
O Juiz Federal como órgão político 27
Comprometimento com o País 28

O ESTADO E A MODERNIDADE 29
Tendências mundiais 29
Redefinição do papel do Estado 29
Globalização da economia 30
Revoluções em administração 31
Cidadania 33

INFLUÊNCIA DO ORDENAMENTO JURÍDICO
E DO PODER JUDICIÁRIO NO
DESENVOLVIMENTO ECONÔMICO DO PAÍS ... 35
Economia, Direito e instituições 35

O Judiciário e a diminuição dos custos de
transação.. 36
O papel do Judiciário.................................... 38

IMAGEM INSTITUCIONAL E DIAGNÓSTICO
DOS PROBLEMAS ATUAIS.............................. 41
Imagem institucional................................... 41
Retrospecto estatístico................................. 42
Diagnóstico dos problemas 44
Morosidade.. 49
Crise do Judiciário. Enfrentamento............ 50
Juízes: expectadores ou atores?.................. 52
Necessidade de aperfeiçoamento................ 52

O JUDICIÁRIO IDEAL. COMO DEVE SER A
JUSTIÇA FEDERAL.. 55

PROPOSTAS CONCRETAS DE MUDANÇA......... 57
Encontrando soluções................................. 57
Mudanças efetivas....................................... 58
Classificação das reformas........................... 59
Alterações de postura.................................. 59
Agilidade administrativa e política............ 60
Assunção do papel político........................ 61
Reformas estruturais................................... 64
Limitação dos recursos............................... 64
Especialização das Varas............................ 65
Interiorização... 67
Propostas estruturais alternativas............... 68
Reformas administrativas............................ 69
Revolução na administração do Judiciário. 69
Informatização... 71
Perícias.. 72
Assessorias de imprensa............................. 73
Hora do Brasil.. 74
Comissões de estudos e projetos................ 74

Implementação de um projeto amplo
para a Escola Nacional da Magistratura
e para o Centro de Estudos Judiciários 77
Alterações legislativas 79
Eficácia da prestação jurisdicional 79
Criminalização da conduta de
descumprimento de ordem judicial
por parte de agente público 80
Precatórios indexados 82
Súmulas com efeito vinculante para a
Administração 82

PERSPECTIVAS DE FUTURO:
DA CRISE À EFICIÊNCIA 85

Bibliografia 87

Introdução

O Brasil passa por um momento de mudanças. A consolidação do regime democrático abriu caminhos para uma participação ampla do cidadão na vida política do País, permitindo que influa no delineamento do futuro que pretende para a sociedade brasileira. A "cidadania" tornou-se palavra significativa.

Nas últimas eleições para a Presidência da República, o cidadão brasileiro mostrou que idealiza um país em que haja crescimento econômico, desenvolvimento e liberdade.

Para que tal ocorra, são necessárias instituições fortes, cumprindo o seu papel fundamental na sociedade.

Ao Estado, cabe bem exercer suas funções básicas, com eficiência e baixo custo, permitindo o crescimento das forças produtivas e o funcionamento do mercado, com reflexo positivo e direto no aumento da demanda por trabalho e no nível de vida da população.

Dentre as funções do Estado, ressalta a importância da prestação jurisdicional.

Ao Poder Judiciário, cabe garantir a segurança das relações interindividuais e daquelas entre o cidadão e o Estado, fazendo com que as normas de convivência sejam respeitadas.

A Justiça Federal, particularmente, por atuar diretamente nas questões que envolvem a relação do cidadão com a União, suas autarquias e empresas públicas, tem sua importância acrescida, ainda, pelo papel político que desempenha, sendo chamada a decidir sobre as questões jurídicas mais relevantes para o País.

Somente um Judiciário ágil e eficiente pode responder aos anseios de uma sociedade que se pretende moderna e desenvolvida. Para tanto, necessita dispor de uma estrutura bem dimensionada, administrada com lisura e eficiência, e contar com Juízes probos, independentes e bem preparados. Assim deve ser a Justiça Federal.

O Judiciário como um todo, porém, há muito tempo, depara-se com a sua persistente incapacidade para satisfazer a demanda pela prestação jurisdicional. Como conseqüência, têm-se a morosidade e seus efeitos danosos sobre a efetividade do acesso à Justiça.

No âmbito da Justiça Federal, o ajuizamento, em massa, de ações contra a União e suas autarquias tem sido motivado, em elevado grau, pela inflação legislativa e pelos desmandos governamentais. A essas causas, somam-se o próprio crescimento do País e a conscientização do cidadão acerca dos seus direitos, tudo levando à perspectiva de que continue crescendo o número de ações ajuizadas anualmente. Por outro lado, há fatores que dificultam o próprio processamento das demandas.

Impõe-se, pois, que sejam diagnosticados os problemas que afetam a Justiça Federal e encontradas soluções que lhe permitam desincumbir-se de suas funções, oferecendo prontamente, com qualidade e eficiência, a prestação jurisdicional, a fim de bem desempenhar seu papel na República Federativa do Brasil. E é essencialmente aos Juízes que cumpre envidarem esforços nesse sentido.

Nessa perspectiva, mostra-se oportuno pensarmos sobre a Justiça Federal, analisando seu papel na República Federativa do Brasil e seus aspectos estruturais e administrativos, a fim de buscarmos soluções para os seus problemas, em consonância com os novos ventos soprados neste final de século.

Para o enfrentamento do desafio, foi elaborado o presente estudo, em que são apresentadas algumas considerações sobre a Justiça Federal, feitas a partir da leitura de artigos escritos sobre ela, da análise de estatística relativa ao último lustro da Justiça Federal de primeira e segunda instâncias, de palestras e *workshops*, debates e estudos sobre a Justiça Federal e a situação econômica e institucional do País e, *the last but not the least*, a partir da experiência obtida no exercício diário da magistratura federal. Muito mais do que um trabalho de pesquisa, temos um trabalho de meditação. Por isso, pretende-se repleto de idéias úteis, todas voltadas ao aperfeiçoamento da Justiça Federal.

As grandes questões atualmente em pauta no debate político, relativas à globalização da economia, à redefinição do papel do Estado e à evolução nos conceitos de administração tanto no setor privado como no setor público, são levadas em consideração.

Constatada a necessidade de uma postura mais ativa e abrangente dos Juízes no seu comprometimento com a eficiência da prestação jurisdicional e com o aperfeiçoamento da instituição como um todo, é ressaltada a necessidade da assunção do seu papel político na sociedade brasileira. A par disso, são feitas propostas concretas quanto à estrutura e à administração da Justiça. A concentração da discussão das lides nas primeira e segunda instâncias, a atribuição de efeito vinculante às súmulas, a especialização de varas e turmas, a criação de assessorias de imprensa, a criação de comissões para o estudo do impacto das leis e decisões judiciais sobre a economia e sobre os próprios serviços judiciários e a intensificação da preocupação dos juízes com a administração da Justiça são algumas das sugestões.

Muitas das mudanças propostas independem da participação de outros Poderes. Aos Juízes, pois, cabe a responsabilidade de implementá-las, dando mais eficiência à prestação jurisdicional. Não se pode olvidar, contudo, que o Judiciário está inserto num contexto maior que é a conjuntura política, econômica e social brasileira e que o seu futuro, em muito, depende do sucesso do País no que diz respeito à estabilização monetária, à abertura econômica, ao aperfeiçoamento do sistema representativo e à implementação de projetos nos campos da infra-estrutura, da saúde e da educação.

Capítulo primeiro

Antecedentes históricos

Criação e ressurgimento da Justiça Federal

A Justiça Federal foi criada quando da adoção, pelo Brasil, da forma federativa de Estado. Surgiu com o Decreto nº 848/1890, baixado pelo Governo Provisório, que, inspirado na Lei Orgânica do Judiciário norte-americano (*Judiciary Act*, de 24 de setembro de 1789), criou o STF e instituiu a Justiça Federal. Constou da Constituição Republicana de 1891 pela primeira vez. Não se manteve intocada, porém, desde lá.

Com o Estado Novo, de Getúlio, foi a Justiça Federal extinta pela Constituição outorgada de 1937. Nessa oportunidade, foram também extintos os partidos políticos.

Daí, passaram-se mais de dez anos até que, pela Constituição de 1946, fosse criado o Tribunal Federal de Recursos, o que significou a restauração da segunda instância da Justiça Federal. Mais 21 anos foram necessários para que o erro da extinção finalmente fosse reparado *in totum*. Em 1965, através do AI nº 2, foi restabelecida a Justiça Federal de primeira instância, passando a constar, posteriormente, das Constituições de 1967 e 1988, desta última vez com alteração na sua estrutura, tendo sido substituído o Tribunal Federal de Recursos pelos cinco Tribunais Regionais Federais.

Vê-se que a Justiça Federal surgiu como conseqüência da forma federativa de Estado. É ela uma necessidade da Federação, constituindo-se num corolário institucional

JUSTIÇA FEDERAL: PROPOSTAS PARA O FUTURO   17

dessa forma de Estado. Jamais teve como objetivo servir como justiça de exceção. Aliás, muito tem valido aos cidadãos na garantia dos seus direitos constitucionais contra o próprio Poder Público. Episódios não faltam nesse sentido, mormente na história recente do País.

O trato das políticas implementadas pelo governo federal e das demandas delas decorrentes, quando envolvam a União, suas autarquias e empresas públicas, aconselham a existência de um órgão específico, com visão do todo, afeiçoado às coisas do governo central. A especificidade das questões jurídicas ligadas à União demanda especialização, o que também favorece a existência de uma instituição judicial específica.

A existência da Justiça Federal, pois, ainda que considerado apenas o aspecto pragmático, justifica-se plenamente. E tem ela cumprido seu papel de guardiã dos princípios federativos e de garantia dos direitos fundamentais dos cidadãos.

Se é verdade que, inicialmente, os Juízes Federais eram nomeados livremente pelo Presidente da República, independentemente de concursos, não se pode negar que isso se dava dentro do contexto político do País, nada se diferenciando do provimento de outros cargos de relevância.

Com o passar do tempo e a evolução dos costumes e da cultura política brasileira, a Justiça Federal acompanhou os novos ventos democráticos, sendo que, há muito, tem seus cargos de Juiz Federal Substituto providos através de concursos públicos de provas e títulos, em que são aferidos, com rigor, os conhecimentos jurídicos dos candidatos e, o que é tão importante quanto isso, a sua idoneidade moral.

A Justiça Federal, assim, é uma instituição honrada, constituída por pessoas de elevada capacidade técnica e reputação ilibada.

Novo perfil

O novo perfil da Justiça Federal foi dado pela Constituição Federal de 1988 com a criação dos Tribunais Regionais Federais. A substituição do Tribunal Federal de Recursos, com sede em Brasília, por cinco Tribunais Regionais, deu ao Judiciário Federal maior capacidade de enfrentamento do estoque histórico de processos. Além disso, tornou mais acessível e célere o segundo grau de jurisdição.

A regionalização da Justiça Federal permitiu que se aferisse a demanda de cada Seção Judiciária, possibilitando um trabalho sério de interiorização da Justiça Federal de 1º grau, bastante adiantado em alguns Estados da Federação. A divisão em regiões, somada à autonomia administrativa dos Tribunais Regionais, possibilitou, também, uma melhor gestão dos serviços judiciários, passando-se a enfrentar mais de perto e de forma direta os problemas de infra-estrutura e de pessoal, do que é exemplo a realização de diversos concursos para provimento dos cargos de Juiz Federal Substituto em pequeno espaço de tempo nos últimos anos.

A Justiça Federal hoje

A nova Justiça Federal, delineada pela Constituição de 1988, desenvolve-se de maneira impressionante para atender às demandas da sociedade. É prova do seu rápido crescimento o fato de que, em 1990, por exemplo, a Justiça Federal de primeira instância julgou 172.068 processos e, quatro anos depois, em 1994, mais do que dobrou sua produção, julgando 410.013 processos. Os Tribunais Regionais Federais, por sua vez, em 1990, julgaram 89.335 recursos e ações originárias; em 1994, julgaram 188.411 processos.

Assim, pode-se afirmar, com certeza, que a estrutura institucional da Justiça Federal e sua forma de ação estão sujeitas a muita transformação nas próximas décadas, que dirá no próximo século.

No momento, a grande preocupação do Judiciário Federal é o estoque histórico de processos que sobrecarrega os Juízes em todo o País, impedindo uma resposta célere ao jurisdicionado e, por isso, criando uma grande insatisfação por parte da sociedade. Importa, pois, solucionar este problema.

Para tanto, a Justiça Federal conta com a larga experiência de Juízes que, nos Tribunais, conduzem as reformas administrativas e dão conta de firmar a jurisprudência, e com um grande número de Juízes novos imprimindo um bom ritmo no exercício da jurisdição na primeira instância, mais próximos aos jurisdicionados, e propondo mudanças. Há muito empenho dos Juízes, de ambas as instâncias, nas áreas administrativa e jurisdicional.

Os órgãos de cúpula da Justiça Federal, por sua vez, não têm negligenciado na sua tarefa de buscar o constante aperfeiçoamento da máquina judiciária federal, incentivando a discussão dos problemas que afetam a prestação jurisdicional e preparando os juízes para o exercício da sua verdadeira função, que é a de garantir os princípios federativos, bem como fazer a aplicação secundária do ordenamento jurídico no sentido de dar efetividade aos direitos e obrigações federais.

A Justiça Federal, hoje, busca bem exercer a sua função na estrutura política da República Federativa do Brasil, preenchendo o espaço que lhe cabe por natureza.

Capítulo segundo

O papel político da Justiça Federal

Segurança e equilíbrio federativo

A Justiça Federal é uma instituição política por natureza. Por definição, ela somente existe no Estado federativo. É importante considerar o que isso significa. A existência de uma Justiça que extrapole o âmbito de poder dos Estados-Membros é algo que se impõe como forma de estabelecer a supremacia da União. De fato, não se concebe que a União, como entidade de direito público interno que congrega todos os Estados-Membros, se sujeite às Justiças Estaduais quando envolvida em algum litígio como autora, ré ou interveniente. A sujeição da União à Justiça dos Estados-Membros poderia desvirtuar a relação entre as partes e o todo, dando margem à manipulação de interesses, gerando conflitos políticos interestaduais e afetando, assim, a unidade da Federação. A existência de uma Justiça Federal é, pois, indispensável para a segurança da República Federativa.

Ainda que a tendência seja a Justiça Federal congregar juízes oriundos das próprias Seções Judiciárias em que são lotados para a prestação da jurisdição, a formação destes, voltada essencialmente ao Direito Público, e mais especificamente às matérias de competência da União e aos princípios que regem a República Federativa, tende a lhes dar uma posição que permite sobrepairar e transcender os interesses locais. Isso é importante para que não prevaleça o bairrismo, mantendo-se, assim, o equilíbrio federativo.

A Justiça Federal tem o importante papel político de garantir, aos cidadãos e aos Estados-Membros e Municípios, estes também entes federativos segundo a Constituição Federal de 1988, que a União não ultrapassará seus limites de poder.

Seja quando da imposição tributária em desconformidade com os limites estabelecidos pelo Texto Maior, seja quando de quaisquer outras iniciativas não adequadas à Constituição e às leis federais e que possam afetar a autonomia dos entes federativos ou as liberdades públicas asseguradas ao cidadão, é fundamental que haja um Judiciário Federal presente e atuante, pronto para recolocar as coisas nos seus devidos lugares, proibindo a ofensa aos princípios maiores que estão à base do nosso Estado de Direito. O controle difuso da constitucionalidade das leis e atos normativos do Poder Público Federal, bem como dos atos administrativos em geral, mostra-se relevante no desempenho da função da Justiça Federal de sentinela dos princípios federativos e dos limites de atuação da União.

O exercício da função política

Não basta, porém, ter relevante papel político; é essencial bem exercê-lo. Por isso, devem os Juízes ter uma formação que extrapole o fenômeno jurídico, permitindo-lhes uma larga visão em todas as esferas que importam ao Estado. O fudamental é que o Juiz se sinta realmente um órgão político, um membro do Governo, natureza esta que lhe é atribuída e está estampada em qualquer manual de direito constitucional, por evidente que é.

Assumir a condição de "Poder" é fundamental. Não se pode conceber, por exemplo, que Juízes, ainda que de primeira instância, pratiquem greve por melhora de vencimentos, como já aconteceu com a magistratura estadual de alguns Estados-Membros da Federação. Atitudes como essas demonstram a falta de consciência da própria natureza da função e da condição, que os Juízes têm, de membros de um dos Poderes do Estado, de verdadeiros órgãos políticos.

O Judiciário e suas funções não-jurisdicionais

Nenhum dos Poderes do Estado limita-se ao exercício da sua função típica. Cada Poder exerce, preponderantemente, a atribuição que lhe cabe por natureza, mas também pratica atos com conteúdo próprio de outras funções, em menor grau e como meio para atingir a otimização do seu papel constitucional.

Ao Judiciário cabe essencialmente prestar a jurisdição, mediante provocação da pessoa física ou jurídica interessada. Para tanto, organiza-se, a fim de compor as lides, aplicando o direito vigente, segundo a Constituição e as leis da República Federativa do Brasil.

Mas o Judiciário também exerce função executiva, o que ocorre, por exemplo, quando organiza seus serviços para a prestação da jurisdição e instala novas varas, e função legislativa, do que é exemplo a elaboração dos regimentos internos dos Tribunais.

Há, pois, um campo de atuação para o Juiz que extrapola a aplicação secundária do direito. E também neste âmbito se revela a sua responsabilidade como Governo, impondo a necessidade de tomar iniciativas e de prestar contas à sociedade.

A responsabilidade pela prestação jurisdicional consubstancia-se em tudo o que diz respeito à prestação jurisdicional eficiente e eficaz. Desde a facilitação do acesso à Justiça, passando pela organização dos serviços, pelo manejo da lei processual, até a efetiva entrega do bem da vida, mediante execução compulsória se necessário, tudo

JUSTIÇA FEDERAL: PROPOSTAS PARA O FUTURO 23

é atribuição do Judiciário, constituindo-se no exercício de uma das três funções básicas do Estado.

Para bem cumprir sua função, o Judiciário necessita agir em diversas áreas, com capacidade administrativa, sensibilidade política e consciência do seu dever. Sendo responsável pela prestação jurisdicional, tem de fazer todo o possível para oferecê-la de maneira ótima. Não se restringe a bem organizar serviços cartorários e a qualificar os Juízes para dizerem o direito. Tem, sim, que atuar num espectro bastante amplo, propugnando por reformas legislativas quando necessário, estabelecendo relações com o Executivo, a fim de resolver problemas administrativos e equacionar impasses políticos, dentre uma gama infindável de iniciativas. Isso quer dizer que o Juiz, como membro de um dos Poderes do Estado, tem de assumir sua responsabilidade de Governo e atuar, também, sobre as externalidades que afetam a prestação jurisdicional.

O fato de o Judiciário não atuar senão quando provocado — princípio da inércia — deve restringir-se, efetivamente, à atividade jurisdicional. Administrativa e politicamente, o Judiciário não só pode, mas deve ter iniciativa, o que se impõe como um imperativo para a consecução dos fins do Estado.

O exercício do poder político pelo Judiciário, entretanto, no que extrapola a função jurisdicional, deve ser feito única e exclusivamente com vista à consecução das funções que lhe são atribuídas na Constituição, mas em toda a sua abrangência, envolvendo as condicionantes da sua atuação.

Manifestação da soberania

O Juiz, no exercício da jurisdição, investe-se do poder soberano do Estado. Como conseqüência, tem de saber tornar eficazes as suas decisões, usando, com bom-senso e firmeza e em conformidade com o direito, os meios necessários para tanto.

Ocorre, seguidamente, que o Judiciário cerceia a sua própria atuação. Por vezes, ele se autolimita desnecessária e erroneamente. Isso quando interpreta de forma equivocada e restritiva certas normas, retirando dos Juízes, deles próprios, os poderes e instrumentos necessários à efetivação da tutela jurisdicional nos diversos campos. Esse equívoco, cometido não por medo de tomar posições e assumir responsabilidades, mas por receio de extrapolar a esfera de atuação reservada ao Poder Judiciário, prejudica os jurisdicionados, na busca de seus direitos, o País, como Estado democrático, e o Poder Judiciário na sua dignidade e importância. Há de se lembrar, aqui, que cada Poder do Estado tem de ocupar integralmente o seu espaço na estrutura política, a fim de manter o equilíbrio e a harmonia necessários ao desenvolvimento da sociedade. E ocupar seu espaço significa dar cumprimento efetivo e integral a suas incumbências.

Fonte de legitimidade

Ao Judiciário não cabe, evidentemente, ingressar no pejorativamente chamado "mercado político", expressão usada por Norberto Bobbio em sua obra *O futuro da democracia (uma defesa das regras do jogo)*. Mas quanto a isso, inexiste maior perigo. Não estando os Juízes sujeitos a buscar no voto popular o argumento de autoridade para as suas ações, tanto no plano jurisdicional como no administrativo, não tendem a práticas e discursos demagógicos, gozando, sim, de integridade e independência para a condução das suas atividades segundo o interesse público, orientados pelos princípios insertos na Constituição. O Juiz tem de ter a necessária "liberdade interior" para poder julgar de acordo com as leis, orientado pela sua consciência.

Aliás, desde Montesquieu, os cultores da teoria política já identificavam a fonte de legitimidade da atuação do Judiciário não na origem do seu poder, mas na sua forma de atuação, marcada pela independência e imparcialidade, ao menos relativas. Seus membros, pois, embora mais atuantes, devem se manter serenos e imunes às paixões e à vaidade, mantendo assim a legitimidade para agirem. A independência é o princípio garantidor da dignidade da função jurisdicional.

Ainda que a fonte de legitimidade do Poder Judiciário não esteja no voto, não se pode, entretanto, perder de vista que o poder do Estado é único e que, sendo mediatamente exercido pelo conjunto dos indivíduos que compõem a sociedade, é em atenção aos interesses dos indivíduos enquanto cidadãos que devem ser exercidas as funções do Estado.

Assim, também o Judiciário necessita estar afinado com os anseios da população, não aqueles momentâneos e emotivos, mas os duradouros e fundamentais. Com o objetivo de ensejar esta aproximação, é importante que haja canais de acesso do jurisdicionado ao Judiciário, não só para a dedução de pretensões jurídicas no plano judicial, mas para a discussão de todos os aspectos que dizem respeito à função jurisdicional.

As atividades do Judiciário precisam estar sempre voltadas ao cumprimento do dever de oferecer uma prestação jurisdicional otimizada, nas melhores condições possíveis e com a máxima eficácia e correção, a fim de dotar a sociedade de um suporte institucional confiável e útil.

A independência dos Poderes

Ao exercer seu papel político, o Judiciário não coloca em questão a independência que lhe é inerente e inafastável, desde que tal se dê, invariavelmente, na busca da consecução de interesses públicos.

Para cumprir integralmente sua função, basta que o Judiciário busque, junto com os demais Poderes, meios para a satisfação dos interesses de cada brasileiro, quais sejam, os de contarem com serviços públicos bem administrados e eficientes, prestados por instituições compostas e geridas por membros confiáveis.

O Judiciário não pode se furtar de exercer sua função constitucional no sistema dos freios e contrapesos ou *check and balances*, como dizem os americanos. Isso, eventualmente, pode significar ter de cercear a atuação abusiva de algum dos outros Poderes. Mas não há por que surgirem confrontos entre o Judiciário, o Legislativo e o Executivo. Se cada um cumprir sua função constitucional, por definição, não haverá incompatibilidades; pelo contrário, estará garantida a harmonia entre os Poderes. Eventual insurgência de um Poder sobre atos praticados por outro somente se dá para a manutenção dos limites de cada um, nos termos do que é previsto na Carta Magna.

O Juiz Federal como órgão político

O Juiz Federal não é um mero técnico, um aplicador de leis. É uma pessoa que encarna o Poder do Estado e atua em seu nome para a manutenção da segurança jurídica na esfera federal.

Como órgão público que é, está comprometido com o futuro da Nação. Cabe-lhe, assim, estender sua formação e sua atenção para além das necessidades e dos limites dos autos processuais, promovendo as alterações, no âmbito administrativo, indispensáveis ao bom funcionamento da Justiça Federal.

Por fazer parte do Governo — o Judiciário também o integra —, o Juiz traz consigo essa obrigação de agir pelo desenvolvimento do País. Atuará na sua esfera, mas sensível às transformações sociais, econômicas, culturais.

JUSTIÇA FEDERAL: PROPOSTAS PARA O FUTURO 27

Nesse contexto e com esse sentido, pode-se dizer, pois, que o Juiz é um agente transformador, embora não lhe caiba traçar políticas sociais, o que é função dos outros Poderes. No que diz respeito estritamente ao exercício da função jurisdicional, o Juiz tem a obrigação de decidir inspirado e orientado pelos princípios que informam e compõem a base do ordenamento jurídico brasileiro, e não segundo os seus valores pessoais. Isso não significa que não tenha convicções ideológicas nem que possa ostentar imparcialidade axiológica. O Juiz é racionalidade, conhecimento jurídico, mas também é sensibilidade política e valor. Cada magistrado traz uma bagagem própria, que lhe posiciona frente ao mundo. Não pode, sim, sobrepor as suas convicções àquelas fixadas soberanamente pelos indivíduos representados na Constituinte e, ordinariamente, no Parlamento.

Comprometimento com o País

Toda essa questão atinente ao exercício do seu papel político, com a adoção de postura mais ativa neste sentido, envolve o comprometimento do Judiciário com o desenvolvimento da sociedade brasileira, num ambiente democrático e aberto.

Capítulo terceiro

O Estado e a modernidade

Tendências mundiais

Quando se trata de delicados assuntos relacionados ao Estado, é importante contextualizá-lo segundo o pensamento atual. As modernas concepções políticas, econômicas, administrativas e outras, em todo o mundo, influem na maneira como idealizamos o Estado. É a partir desse parâmetro, com visão crítica, que se pode chegar a um plano de ação.

Redefinição do papel do Estado

A crise do Estado assistencialista tem levado o mundo inteiro à busca de uma redefinição do papel do Estado. Novamente, restringe-se o seu campo de atuação, ganhando voz os que defendem a concentração da sua atenção a funções básicas e fundamentais. O exercício da jurisdição está entre as mais importantes.

Quando o Estado é pequeno, deixando que a iniciativa privada se encarregue de atuar no campo econômico, o papel do Estado se restringe, mas também se engrandece. Passa ele a cuidar somente daquilo que lhe cabe por natureza, ou seja, das suas funções essenciais e características. E fazê-las bem pode garantir a base e a segurança necessárias para que a economia cresça e o País se desenvolva, com o aumento do nível de vida da população.

O fato de o Estado ser pequeno, em termos de estrutura e atribuições, não implica que seja fraco. Temos que ter uma máquina pública bem dimensionada, preocupada com o exercício das funções típicas e determinada a bem atuar. Em tal tarefa, impõe-se que seja forte e eficiente.

Globalização da Economia

A criação de grandes blocos econômicos e a globalização da economia como um todo não são mais do que o reconhecimento de que, na busca por um melhor nível de vida para os indivíduos, impõe-se aos diversos Estados que façam uso das vantagens relativas na produção de bens.

Afastadas as ameaças iminentes de guerras de vulto, passam os países mais desenvolvidos a se unir para obterem maior eficiência na utilização dos recursos disponíveis. O mercado comum leva cada um a produzir, preponderantemente, as mercadorias em que possui uma produtividade comparativamente mais elevada e a importar aquelas que lhe saem, também comparativamente, mais caro produzir. Com a maximização da produtividade em todo o mundo, poder-se-á obter mais riquezas com os mesmos recursos.

A processo de globalização, que se apresenta como uma tendência natural para o próximo século, é, entretanto, bastante lento, pois depende de uma certa homogeneidade entre os Estados, consideradas variáveis não só econômicas, mas também políticas, jurídicas e culturais. Além disso, tem implicações de ordem política, como a relativização do conceito de soberania, que demandam certa cautela, mormente em se tratando de países subdesenvolvidos e em desenvolvimento.

Revoluções em administração

Há muito, o estudo da ciência econômica tem revelado que a melhora do nível de vida das pessoas depende do aumento da produção de bens. Não há outra possibilidade. Somente a fartura de bens e serviços, associada a uma melhor distribuição de renda, pode levar a humanidade a uma situação de bem-estar e eqüidade. Para tanto, é preciso investimento e eficiência. Faz-se necessário otimizar a utilização dos recursos disponíveis.

Se isso é importante para a sociedade, não é menos correto afirmar que é essencial em termos microeconômicos, uma vez que, num mercado aberto, a sobrevivência e crescimento de cada empresa depende da busca constante por mais eficiência, de forma a poder oferecer produtos e serviços de melhor qualidade por menor preço, ou seja, cada vez mais competitivos.

Nessa perspectiva é que os profissionais da administração têm desenvolvido diversas teorias com vista à diminuição dos custos e aumento da produtividade das empresas. Os estudiosos da matéria referem uma sucessão de técnicas e visões que procuraram e procuram revolucionar o trato do capital e dos recursos humanos necessários à movimentação da economia.

Alguns estudiosos relacionam cada década passada a uma tendência em administração. Assim é que dizem ter sido a década de 60 dominada pela chamada Administração por Objetivos; a década de 70, pelo Desenvolvimento Organizacional; mais recentemente, na década de 80, teria surgido a tão divulgada Qualidade Total; os anos 90, por sua vez, teriam acrescentado às técnicas anteriores a Reengenharia.

A novidade no Brasil hoje, além da implementação maciça das modernas técnicas de administração nas empresas privadas, é a sua adoção na administração pública. Já há diversas empresas públicas, autarquias educacionais e outras atentando para os novos tempos. A tônica é me-

JUSTIÇA FEDERAL: PROPOSTAS PARA O FUTURO 31

lhorar ao máximo os serviços prestados pelo Estado e diminuir os custos, a fim de reduzir a carga tributária. Com isso, o setor privado terá que direcionar menos recursos para o Governo, podendo efetuar uma maior alocação de recursos para as atividades mais solicitadas pelo mercado, segundo o sistema de preços, gerando riquezas e beneficiando a todos.

A palavra de ordem hoje, pois, é *eficiência*. E ela deve nortear também e necessariamente a administração do Judiciário. Aliás, como veremos ao tratar dos custos de transação, ao Judiciário cabe tarefa importantíssima não somente na garantia de justiça, mas no estabelecimento de condições para a elevação da taxa de crescimento econômico.

A Justiça Federal precisa elevar, continuamente, a prioridade dada à administração dos seus serviços, buscando incorporar modernos métodos de gestão. Tornar-se mais e mais eficiente, otimizar a utilização dos recursos, dar uma resposta adequada aos anseios e necessidades da sociedade, no que diz respeito à prestação jurisdicional, são imperativos que se colocam à atuação do Judiciário.

Bem administrar não é tarefa simples. A Justiça Federal depara-se com o aumento constante da demanda pela prestação jurisdicional e da exigência dos jurisdicionados no que diz respeito ao oferecimento de novos serviços, à qualidade dos já prestados e à rapidez na solução dos litígios. Os desafios, pois, ao nível administrativo, são grandes e aumentam proporcionalmente ao crescimento da própria Justiça Federal.

Assim, há necessidade de o Judiciário abrir espaço para essa questão, munindo-se de orientação específica na matéria e dando condições aos Juízes que ocupam os cargos administrativos de relevo de bem cumprirem sua missão.

Cidadania

O cidadão brasileiro, com a consolidação do processo democrático advindo das últimas duas eleições diretas para Presidente, bem como do *Impeachment* do qual participou ativamente, está-se sentindo, ao que parece, mais integrado e responsável pelos rumos da sociedade a que pertence. Da mesma maneira, sente-se no direito de exigir eficiência da Administração, em contrapartida aos impostos que recolhe aos cofres públicos. Cabe ao Judiciário, pois, valer-se deste maior envolvimento do indivíduo com a coisa pública para se tornar mais acessível, célere e transparente, com o que poderá retomar a confiança da população, até porque é ao Judiciário que cabe garantir a estabilidade das instituições e zelar pela observância dos princípios democráticos, pilares do sistema.

Capítulo quarto

Influência do ordenamento jurídico e do Poder Judiciário no desenvolvimento econômico do País

Economia, Direito e instituições

O problema econômico consiste na existência de recursos escassos e fins alternativos. Alternativos porque dar aos recursos uma destinação significa, necessariamente, sacrificar todas as demais utilizações alternativas (Leme, 1992).

Com base no problema econômico, surgem algumas questões como o que produzir e em que quantidade (procura), como produzir (oferta), como distribuir os bens e serviços (repartição), como aumentar a produção (crescimento econômico) e como ajustar a procura à oferta (racionamento).

Não cabe, no âmbito deste trabalho, aprofundar a exposição deste assunto nem expor os fundamentos da economia de mercado. Mas, sim, ressaltar que o Estado, através da regulamentação das atividades econômicas, interfere na eficiência da alocação dos recursos econômicos disponíveis e, conseqüentemente, em todas as questões acima colocadas.

Isso porque as relações do direito com a economia são intensas.

O conhecimento de como funciona o mercado, da importância dos preços como fonte de informação e de outras questões relacionadas à geração de riquezas é, pois, importante para os órgãos públicos definirem o conteúdo e intensidade da sua atuação. Aos juízes também interessa, no que diz respeito à possibilidade de uma correta compreensão do fato econômico e de suas conseqüências.

A regulamentação das atividades econômicas decorrente da intervenção do Estado na economia, os direitos de propriedade, as liberdades individuais, tudo tem influência no mercado, o qual pressupõe o fato de que as pessoas agem racionalmente com vista à maximização da sua satisfação.

Para que se tenha um mercado eficiente, é necessário que se possa contar com instituições adequadas e que garantam estabilidade, incentivando a atividade econômica e a geração de riquezas.

As instituições, como aqui referidas, constituem-se nas "regras do jogo" e, portanto, influem muito no desempenho econômico.

Como ressalta Douglass North, Prêmio Nobel de Economia, "Um conjunto de instituições políticas e econômicas que ofereça transações de baixo custo viabiliza a existência de mercados de produtos e fatores eficientes necessários ao crescimento econômico."

Aqui entra a importância do Judiciário para o crescimento econômico do País.

O Judiciário e a diminuição dos custos de transação

Em um sistema econômico, as operações estão sujeitas a custos, denominados custos de transação. Quanto mais certas as regras, quanto mais farta a informação, quanto maior segurança relativamente aos direitos de propriedade e ao cumprimento dos contratos, menores os custos de transação, ou seja, menores as inversões de recursos necessárias à preparação e garantia dos negócios. Considerando que o cumprimento das obrigações assumidas é uma das variáveis dos custos de transação, assume o Judiciário um papel importante na diminuição destes custos, o que ocorrerá se a prestação jurisdicional for rápida e eficiente, recolocando as coisas nos seus devidos lugares sempre que houver um inadimplemento contratual ou hipóteses semelhantes; enfim, sempre que as regras do jogo não forem obedecidas por alguém.

O Judiciário, bem exercendo sua função, contribui para a eficiência da aplicação dos recursos, favorecendo o aumento do nível de vida da população.

Isso é muito importante e não tem sido ressaltado nos trabalhos realizados sobre os problemas do Judiciário e seus efeitos danosos para a sociedade. Normalmente, coloca-se que a morosidade gera um grande descrédito perante a população e que esta acaba procurando outras formas alternativas para a composição dos litígios, o que tem um efeito social negativo. Nada mais correto. Mas também é fundamental explicitarmos os efeitos econômicos da ineficiência da prestação jurisdicional.

Um Judiciário lento e inconfiável aumenta os custos de transação. Com isso, colabora para que os recursos disponíveis deixem de ser aplicados da melhor maneira possível, uma vez que uma considerável parte é dispendida com mecanismos compensadores desta "falta do Judiciário". Sem falar nos negócios que deixam de ser feitos em razão do aumento da taxa de juros, proporcional ao risco, bem como no capital estrangeiro que deixa de aportar ao País.

De fato, como ensina Juan C. Cachanosky em *Eficiencia económica y sistemas jurídicos*, "En un país donde existe inseguridad jurídica las inversiones se retraen". Ora, tal insegurança jurídica pode decorrer da alteração constante das leis, principalmente daquelas de conteúdo monetário, e da ausência de um Judiciário ágil e confiável. Qualquer investimento sujeita-se ao risco empresarial, igual em todo lugar e que diz respeito às estimativas do mercado e dos custos na avaliação do projeto por parte do investidor. Se a este risco normal adicionarmos o risco político ou jurídico, decorrente da mudança nas regras do jogo ou da incerteza em conseguir fazê-las valer quando necessário, evidentemente que o risco global aumenta em muito, e os investimentos tendem a diminuir, migrando para outras alternativas, ou a taxa de lucro é superestimada, com vista à compensação do risco; os efeitos, numa ou noutra hipótese, são danosos para a economia (Cachanosky). Daí a importância de um Judiciário eficiente.

O papel do Judiciário

O Judiciário deve, pois, sob o prisma da sua contribuição para o desenvolvimento econômico do País, essencialmente, dar *segurança* às relações jurídicas; para tanto, deve garantir aos cidadãos a rápida tutela aos direitos legais e contratuais violados, evitando pendências e permitindo que os recursos financeiros envolvidos nas causas, com sua solução célere, sejam liberados a quem de direito para que possam ser investidos.

No que diz respeito à Justiça Federal, é bastante ilustrativo lembrar do montante enorme de valores depositados judicialmente para a suspensão do crédito tributário durante a discussão da constitucionalidade de inúmeros diplomas legais. Tais valores, muitas vezes, ficam longo tempo sem que possam ser convertidos em renda da União para que essa faça face às suas despesas e implemente os programas de governo, nem liberados aos contribuintes para que apliquem na produção e incrementem ou simplesmente sustentem seus negócios. Isso tem um custo econômico e social elevado.

Nesta linha de raciocínio, pode-se ressaltar que o Estado como um todo e o Judiciário em particular têm de ter a noção de que seu papel é fornecer a infra-estrutura, a estabilidade e a liberdade necessárias para que a sociedade se desenvolva por si só. Ao Estado não cabe satisfazer necessidades, mas dar condições para que as pessoas se organizem de modo a satisfazê-las, empregando recursos nas áreas que os demandam, sob a implacável "fiscalização" do mercado. Ressalta aqui o papel do Estado na diminuição dos custos de transação.

Douglas North demonstra que um Estado competente, prestando a jurisdição de maneira ágil e segura, pode colaborar e muito para o crescimento da economia, com a conseqüente melhora no nível de vida da população. Não é praticando excesso de regulamentação que o Estado contribuirá para o desenvolvimento da sociedade brasileira, mas fazendo bem feito aquilo que lhe cabe.

Uma Justiça expedita, séria, correta, identificada com as exigências dos novos tempos, diminui em muito os custos de transação, ou seja, faz com que as pessoas físicas e jurídicas possam se relacionar de maneira mais singela e aberta, sem que tenham que se cercar de garantias adicionais e de mecanismos de autoproteção ao realizarem seus negócios; e quanto menos gastarem nisso, mais tempo e recursos poderão aplicar na produção de bens e serviços, em benefício próprio e, por conseqüência, em benefício da sociedade como um todo.

Capítulo quinto

Imagem institucional e diagnóstico dos problemas atuais

Imagem institucional

A imagem do Poder Judiciário perante a sociedade está bastante desgastada. A Justiça Federal enquadra-se nesse contexto. Nos últimos anos, foram realizados diversos trabalhos, a fim de verificar, com exatidão, como a população e a imprensa vêem o Poder Judiciário. Um deles foi a pesquisa elaborada pela empresa Salles Inter-Americana de Publicidade S/A em 1990. Ainda que não tenha sido direcionada especificamente à Justiça Federal, o resultado nos interessa diretamente. Concluiu, mediante a análise de entrevistas, que são atribuídos à Justiça qualificativos nada animadores. A população vê o Judiciário como uma instituição antiquada, distante, inacessível, elitista e, o que é pior, não-confiável. A imagem interna da Justiça, por sua vez, confirma grande parte destes problemas, reconhecidos que são pelos Juízes. A ineficiência da prestação jurisdicional preocupa a todos.

Esse quadro de descrédito tem como *punctum saliens* a morosidade da prestação jurisdicional. Há, igualmente, preocupação com a sua qualidade, prejudicada principalmente pela sobrecarga de trabalho suportada por cada Juiz.

Vale ressaltar, ainda, a frustração da sociedade com o efeito bastante mediato das ações penais, em razão da legislação processual penal que cerceia a atividade policial e a do Juiz, bem como com certas decisões que contrariam suas expectativas de justiça, prolatadas pelo próprio Supremo Tribunal Federal, o que se agrava pela falta de conhecimento e informação da população sobre as leis e o sistema judiciário.

Na base desse descrédito, está a idéia de que inexiste vontade política para a mudança do Judiciário, como ressaltado pelo sociólogo Elimar Pinheiro do Nascimento, professor do Departamento de Sociologia e Coordenador do Núcleo de Estudos do Brasil Contemporâneo da Universidade de Brasília — UnB —, por ocasião do Seminário Justiça Federal: Análise da Imagem Institucional, em 1994, a partir da afirmação de que alguns dos problemas que atingem a Justiça Federal hoje já foram diagnosticados corretamente há muito tempo e continuam se agravando sem que sejam tomadas providências concretas a fim de solucioná-los.

Retrospecto estatístico

Para uma correta análise da situação atual da Justiça Federal, é essencial verificarmos alguns dados estatísticos esclarecedores do contraste entre o volume de processos em tramitação e a capacidade de julgar tanto da primeira como da segunda instâncias.

Na Justiça Federal de primeira instância, há, ao todo, 262 Varas instaladas. Mais 95 Varas já foram criadas, mas aguardam instalação, totalizando 358 Varas Federais (dados de dezembro de 1994).

Todas as Varas criadas na 5ª Região estão instaladas; na 4ª Região, apenas três das Varas criadas ainda não foram instaladas. Já na 1ª Região, falta instalar 10 Varas; na 2ª Região, 43 Varas; na 3ª Região, 39 Varas.

A grande maioria das Varas Federais situa-se nas capitais, havendo um bom índice de interiorização da Justiça Federal apenas na 4ª Região e na 3ª Região.

No período 1989/1994, as Varas Federais instaladas receberam 2.843.007 processos; desses, 1.735.431 foram julgados, persistindo em tramitação, atualmente, mais de 1.000.000 de processos.

Somente as Varas da 5ª Região, com exceção das de Pernambuco, conseguiram, em 1994, julgar mais processos do que foram distribuídos. Ao todo, a 5ª Região recebeu 74.593 processos e julgou 91.208. Nas demais Regiões, o saldo foi negativo, tendo, também o ano de 1994, terminado com déficit na prestação jurisdicional.

Se considerarmos todos os últimos seis anos, período 1989/1994, somente em Alagoas foram julgados mais processos do que distribuídos (33.040 para 30.719 distribuídos).

No que diz respeito à segunda instância, a Justiça Federal conta com cinco Tribunais Regionais Federais (Brasília/DF, Rio de Janeiro/RJ, São Paulo/SP, Porto Alegre/RS, Recife/PE), abrangendo todo o território nacional, e 101 magistrados (dados de dezembro de 1994).

Nos últimos seis anos, 1989/1994, foram distribuídos aos TRFs 1.050.317 processos e julgados 673.416. Ano a ano, o déficit aumenta em todos os Regionais, sem exceção. Há, pois, por volta de 350.000 processos em tramitação nos TRFs. Desses, 57,2% tramitam no TRF da 3ª Região (SP/MS).

No último ano, 1994, a média de processos distribuídos por Juiz de segunda instância foi de 2.634,2, enquanto que a média de processos julgados por magistrado foi de 1.865,5, o que demonstra a incapacidade de dar conta da demanda por jurisdição.

Através da análise do relatório estatístico elaborado, em fevereiro de 1995, pela Secretaria de Desenvolvimento Organizacional e Administrativo do Conselho da Justiça Federal, observa-se que a produção média dos juízes, nos diversos Regionais, foi proporcional à distribuição, mas sempre com déficit. Exemplo disso é que os Juízes do TRF da 2ª Região receberam 1.132,5 processos e julgaram 871,7, enquanto que os Juízes da 3ª Região receberam 3.749,3 e julgaram 2.482,9, e os da 5ª Região receberam 4.778,6 processos e julgaram 3.930,9 em média.

Um dado interessante, ao longo dos últimos seis anos, é que a média geral dos processos julgados pelos Juízes de todos os TRFs também variou proporcionalmente à distribuição. Em 1990, os Juízes de segunda instância dos cinco Tribunais Regionais Federais receberam 1.648,9 processos e julgaram 1.207,3; em 1993, receberam 3.095,2 e julgaram 1.959,9; em 1994, receberam 2.634,2 e julgaram 1.865,5. Podemos concluir, pois, que muitas vezes os Juízes são obrigados a esforços extraordinários para impedir que a situação se agrave até níveis de absoluta inoperância. Esse excesso, entretanto, sabe-se pela experiência, resulta num trabalho de menor qualidade.

A situação da Justiça Federal, pois, não é boa. Mesmo nas Seções Judiciárias e Tribunais em que foi possível diminuir o número de processos em tramitação ou chegar perto do equilíbrio entre processos distribuídos e julgados, ainda persiste um saldo histórico preocupante. E o número de processos distribuídos nos últimos anos tem-se mantido bastante alto, sem que haja perspectivas de retração.

Há, pois, atualmente, uma real incapacidade da Justiça Federal de atender à prestação jurisdicional que lhe é solicitada, o que causa a morosidade e a conseqüente imagem negativa perante a população.

Diagnóstico dos problemas

O Conselho da Justiça Federal, através do Centro de Estudos Judiciários, tem promovido diversos simpósios e pesquisas, a fim de diagnosticar as causas da ineficiência da Justiça Federal. Como exemplos, cito o Simpósio de Modernização da Justiça Federal, o Seminário Justiça Federal: Análise da Imagem Institucional, o Fórum de Debates A Justiça Federal e sua Importância Política e o Seminário A Justiça Federal e a Imprensa.

Na brochura A Justiça Federal Através de Documentos, publicada pelo Centro de Estudos Judiciários como primeiro volume da sua série de pesquisas, estão bem destacados e classificados os problemas principais e secundários que afetam a Justiça Federal atualmente. Podem-se citar, sem risco de erro, com base nas conclusões de todos os referidos eventos, no trabalho de pesquisa realizado pelo CEJ e também na experiência diária no exercício da magistratura federal, as seguintes causas obstaculizadoras do bom desempenho da Justiça Federal:

— a inadequação, às necessidades da praxe forense e da agilidade da vida moderna, das leis e institutos jurídicos, bem como de rotinas e procedimentos internos;
— a carência de recursos humanos e materiais, abrangendo Juízes e funcionários;
— o contexto de crise social, econômica e institucional que atinge o País, envolvendo o fenômeno da inflação, o aumento das demandas e a ação inconstitucional ou ilegal reiterada do próprio governo;
— a falta de autonomia orçamentária e de articulação política do Poder Judiciário.

Vejamos, em poucas palavras, cada uma delas.

A inadequação da lei adjetiva às necessidades de simplificação e agilização do processo é preocupante. Há excesso de recursos, sendo que alguns com procedimentos complexos, dispensiosos e lentos, exagerado formalismo para a prática de alguns atos comuns e simples, excessivas limitações para a repressão do abuso e da má-fé na relação processual, falta de instrumentos para a efetivação da tutela jurisdicional e outros problemas que colaboram para a

JUSTIÇA FEDERAL: PROPOSTAS PARA O FUTURO 45

morosidade e deficiência da prestação jurisdicional. A solução para as distorções está na alteração da legislação. A carência de Juízes, por sua vez, que já alcançou índices alarmantes na Justiça Federal, diminuiu atualmente. Mas permanece como uma das causas pelas quais não se consegue equilibrar a oferta da prestação jurisdicional com a demanda. Além disso, implica também a diminuição da qualidade da jurisdição, uma vez que Juízes sobrecarregados não têm tempo nem tranqüilidade para se aperfeiçoar e realizar seu trabalho com todas as cautelas que demandaria. A solução deste problema, que envolve a instalação de todas as Varas Federais criadas e o preenchimento dos cargos de Juiz Federal Substituto, depende apenas dos Tribunais Regionais Federais, sendo, pois, de âmbito interno.

A crise econômica e social que atinge o País repercute, igualmente, na Justiça Federal. A inflação e as normas de conteúdo monetário e econômico que intervêm na economia resultam em desequilíbrio no campo jurídico, dando ensejo a uma enxurrada de ações que entulham as Varas e os Tribunais. Também a desorganização e desmandos ocorridos em órgãos públicos federais contribuem para abarrotar a Justiça Federal. Como não está na alçada do Judiciário afastar estas condicionantes externas, cabe-lhe lidar com as dificuldades decorrentes, adaptando-se à nova realidade e estudando as possibilidades de alteração estrutural e de criação de novos instrumentos processuais que permitam melhorar e racionalizar a prestação da jurisdição nessas condições.

A falta de verdadeira autonomia financeira do Judiciário dificulta a implantação das medidas necessárias à expansão da Justiça Federal e modernização dos seus serviços. Neste aspecto, impõe-se uma atuação de ordem política, a fim de garantir a independência e dignidade do Judiciário e, particularmente, da Justiça Federal. É importante garantir os recursos indispensáveis à otimização da prestação jurisdicional.

A essas causas, acrescento, com destacada importância, as deficiências da administração da Justiça Federal e a ineficácia das decisões judiciais.

A administração da Justiça tem deixado a desejar em alguns aspectos. Os Diretores do Foro não têm a possibilidade de se dedicar com exclusividade à otimização dos serviços de apoio à prestação jurisdicional, uma vez que mantêm a responsabilidade pela jurisdição nas suas Varas. Além disso, carecem de formação e de assessoramento especializado em administração, deixando de implementar métodos de gerenciamento modernos, necessários a uma maior eficiência dos serviços.

Já a ineficácia das decisões é preocupante, ante o reiterado e impune descumprimento de ordens judiciais por parte de agentes públicos. É comum os Juízes terem de reiterar determinações para cumprimento de medidas liminares, com ameaça de responsabilização criminal, para que suas ordens sejam cumpridas. Tal não ocorre com particulares, pois contra eles não há dúvida da configuração do crime de desobediência ou de resistência e da possibilidade de o Oficial de Justiça, em sendo necessário, efetuar a prisão em flagrante. Contra os agentes públicos, entretanto, a situação é séria. A jurisprudência tem-se inclinado no sentido de que o funcionário público não é agente ativo do crime de desobediência, além do que é muito difícil a configuração da prevaricação. Com isso, os Juízes ficam sem instrumentos para tornarem eficazes as suas decisões e fazerem respeitá-las, decisões que são emanação do poder soberano do Estado. Aliás, esse ponto é bastante relevante. Cumprir uma decisão judicial é atender à determinação de um dos Poderes da República, do que não se pode abrir mão sob pena de regressão à época em que as pessoas não tinham outra alternativa senão fazer justiça com as próprias mãos. Ora, desde que o mundo é mundo, ou ao menos desde que o mundo atingiu níveis mínimos de civilização, o cumprimento de decisões judiciais se impõe como algo inafastável e fundamental para a garantia da ordem e da segurança das pessoas. O descumprimento de ordens judiciais, pois, é problema realmente sério, presente e repugnante, a merecer uma ação imediata no sentido de impossibilitar que perdure.

Todas as referidas causas de ineficiência da Justiça Federal foram acima arroladas em categorias bastante amplas, razão por que a concentração em poucos grupos não significa simplicidade.

Mas não há Juiz Federal que não as conheça bem de perto, razão por que, inclusive, é dispensável descrever e analisar detalhadamente cada um dos problemas, já exaustivamente abordados em diversos simpósios e inúmeros artigos publicados em revistas especializadas.

Interessante, sim, é tratarmos de uma questão que demanda um maior realce, porque pouco explorada e com repercussão na solução de todos os problemas da Justiça, e partirmos, posteriormente, para a análise do fenômeno da morosidade e para o estudo das soluções que podem colocar a Justiça Federal numa posição moderna, apta ao enfrentamento dos desafios que tem arrostado. Trata-se da postura do Judiciário frente aos seus problemas.

Faz-se necessário tomar uma posição ativa e concreta na busca e implementação das diversas alterações estruturais e administrativas, bem como relativas às condicionantes externas, que possam contribuir para a modernização da Justiça Federal.

A idéia corrente de que não há interesse político na melhora dos serviços judiciários tem de ser afastada de vez, cabendo ao Poder Judiciário mostrar que está envidando todos os esforços possíveis para dar uma boa resposta à sociedade, bem como atuando perante os demais Poderes, a fim de buscar, junto a eles, a contribuição que lhes cabe dar no âmbito das condicionantes externas da prestação jurisdicional.

Para tanto, o Judiciário tem de aumentar sua preocupação com a administração da Justiça e estender o seu foco de atenção e de atuação para além dos seus problemas internos.

Já tem sido tomadas iniciativas, nesse sentido, pelo Conselho da Justiça Federal e pela Presidência dos Tribunais Regionais Federais. A Associação dos Magistrados Brasileiros também tem agido com firmeza e senso de oportunidade, em nível mais amplo, bem representando os Juízes e contribuindo para que ocorram muitas mudanças no Judiciário.

O ostracismo tem sido sabiamente evitado, pois prejudica a coordenação política para a obtenção dos recursos financeiros necessários à ampliação e melhora da prestação jurisdicional, dificultando, também, a relação com a imprensa, o que resulta num baixo nível de informação da sociedade acerca das ações do Judiciário.

Morosidade

A Comissão de Estudos das Cortes Federais dos Estados Unidos, constituída para estudar a situação da Justiça Federal nos Estados Unidos da América, definiu a morosidade, acertadamente, como um descompasso entre a demanda pelos serviços judiciários e a oferta (a capacidade de prestação da jurisdição), aquela bem maior que esta. Mas a morosidade não se resume a isso. Decorre não só do excesso de demanda, mas também da deficiência dos instrumentos de prestação jurisdicional.

No Brasil, em todos os estudos existentes sobre a situação da Justiça Federal, a lentidão do sistema aparece como sendo a principal causa do descrédito da população. E com razão, pois, como se costuma dizer repetidamente, a partir da inspiração de Rui Barbosa, justiça tardia é injustiça qualificada e manifesta. A morosidade é um estado de coisas, uma característica nada abonadora da atual prestação jurisdicional. Ela é a resultante de diversos problemas que afetam a Justiça como um todo. De fato, a morosidade decorre tanto da inadequação dos institutos processuais, como da carência de Juízes e do grande número de processos ajuizados em razão de desmandos governamentais e da edição descuidada de leis e atos normativos inconstitucionais e arbitrários. Atacar a morosidade é encarar suas causas. É importante ter bastante claro que ela decorre de diversas falhas e dificuldades na prestação jurisdicional. Serve como um sinal de que os serviços não estão bons, que o desempenho do Judiciário não está satisfatório. Na análise da morosidade, é importante distinguir, em nível estrutural, o tempo de espera (necessário ao cumprimento do rito processual) e o tempo técnico (necessário às decisões), bem como o tempo burocrático (aquele dispensado no cumprimento das diligências, publicação de boletins de intimação, etc.). As soluções para o aperfeiçoamento da Justiça Federal devem resultar na debelação desse mal que se mostra difícil de ser enfrentado, tanto que atinge não só a Justiça brasileira, mas toda a civilização ocidental.

Crise do Judiciário. Enfrentamento

No sentido em que normalmente é usada em relação ao Judiciário, a palavra crise significa uma fase difícil, um momento de agravamento dos problemas. E, nessa perspectiva, adequa-se ao presente momento histórico.

Mas há de se atentar para o fato de que a crise aponta para um novo horizonte. Constitui-se num momento de tensão e de desafio que pode ser representado por uma encruzilhada, a qual apresenta duas possibilidades absolutamente distintas:

a) a comprovação da inabilidade da instituição para lidar com os seus desafios, o que resultaria no agravamento dos problemas atuais levando à decadência efetiva;

b) o fortalecimento da instituição pelo aprendizado com os erros e pela opção acertada por novas ações de sucesso no enfrentamento dos desafios, a partir de uma exata identificação dos seus problemas e das exigências da sociedade.

Impõe-se que o Judiciário, na encruzilhada com que se depara, encontre o caminho do fortalecimento.

Mas, antes de tudo, ao nos depararmos com a situação em que se encontra a Justiça hoje, situação esta que impõe mudanças bastante acentuadas, perguntamo-nos: por que chegamos a ela?

O Ministro Washington Bolivar de Brito, no Seminário Justiça Federal: Análise da Imagem Institucional, colocou, com muita propriedade, sua posição a respeito. Segundo ele, no Brasil não se dá a devida importância aos problemas do Judiciário, que deveria merecer a mesma atenção de outras funções essenciais do Estado. Afinal, contar com um Judiciário forte e eficiente é importantíssimo para a sociedade. Não se trata de um mero serviço público, mas do exercício efetivo e direto de um dos poderes do Estado, responsável por garantir as condições mínimas de convivência e segurança indispensáveis à vida em sociedade e ao desenvolvimento do País.

Juízes: expectadores ou atores?

Os Juízes têm uma grande responsabilidade perante o diagnóstico dos problemas que afetam a Justiça Federal: a de trabalhar pelo aperfeiçoamento da instituição. Faz-se, necessário, assim, que assumam a posição de verdadeiros atores das mudanças que o País precisa. Faz-se necessário que sejam *atores de justiça.*

Ainda que haja muitos problemas no quadro das chamadas "condicionantes externas", cujas soluções estão afetas principalmente aos outros Poderes, é hora de o Judiciário exercer seu papel político para, mais próximo da sociedade civil e identificado com os seus anseios, agir na implementação de reformas internas e influir para que o Executivo e o Legislativo promovam as que lhes cabem.

Uma boa parte dos arrolados problemas da Justiça Federal pode ser solucionada diretamente pelo Poder Judiciário; outra parte, embora não dependa exclusivamente do Judiciário, apresenta solução que pode advir da sua iniciativa e capacidade de articulação. Por fim, aqueles pontos negativos que fogem por completo da alçada do Judiciário podem ter os seus efeitos mitigados através da ação criativa e eficiente dos Juízes.

Necessidade de aperfeiçoamento

O levantamento dos problemas que afetam o Judiciário aponta para uma necessidade urgente de mudança, mas não no sentido radical de intensas transformações, e sim no sentido de aperfeiçoamento. É para isso que precisamos trabalhar, ampliando os trabalhos já em curso neste sentido e inovando.

A idéia de que o controle externo "colocaria o Judiciário nos eixos" é absolutamente falsa. Não é um conselho censor, motivado por interesses políticos, que trará qualidade e eficiência à prestação jurisdicional. Um órgão controlador tornar-se-ia supérfluo e inoperante e teria uma influência muito negativa na democracia brasileira, pois interferiria na independência do Poder Judiciário. A iniciativa, as soluções e o trabalho voltados à melhora dos serviços judiciários devem partir e ser implementados pelos juízes, nas diversas instâncias, alcançando as esferas jurisdicional e administrativa. O Judiciário precisa continuar ouvindo os reclamos da sociedade e dar uma resposta positiva aos seus legítimos anseios e necessidades.

Capítulo sexto

O Judiciário ideal. Como deve ser a Justiça Federal

A luta incansável do homem por um mundo em que haja mais abundância, liberdade e segurança tem provocado alterações muito rápidas na sociedade. As instituições são chamadas a cumprir cada vez com maior eficiência os seus papéis.

O Judiciário tem influência sobre todos os objetivos máximos visados pelo homem.

No que diz respeito à abundância, já vimos que um Judiciário eficiente contribui para a diminuição dos custos de transação e, pois, para o aumento da riqueza necessária à melhora do nível de vida da população.

Relativamente à liberdade, é o Judiciário seu guardião maior, garantindo a incolumidade da esfera jurídica dos cidadãos relativamente às possíveis ingerências de outras pessoas e do próprio Poder Público.

Por fim, quanto à segurança, muito ligada à liberdade, o Judiciário atua, sempre que é chamado a conhecer dos casos de ofensa a direitos, recolocando as coisas em seus devidos lugares, quando possível, ou reprimindo, de outra forma, os responsáveis pela desarmonia, a fim de desestimular práticas danosas para o indivíduo e para a sociedade.

Da Justiça Federal, espera-se que cumpra, de forma firme e independente, a sua função de guardiã da Constituição e das Leis Federais, sendo uma instituição acessível

JUSTIÇA FEDERAL: PROPOSTAS PARA O FUTURO 55

e que dê respostas rápidas, concretas e seguras às demandas, preenchendo, assim, o espaço que é seu no panorama político do País. Sua atuação no que diz respeito à tributação federal, à previdência social, aos crimes contra a ordem tributária, ao tráfico internacional de entorpecentes e a inúmeras outras questões de relevância para o País é fundamental.

Tem ela, em razão do seu papel político, uma missão grandiosa a cumprir na República Federativa do Brasil e, para tanto, deve ser eficiente, o que se pode obter através de uma boa administração, em sentido amplo, e de um quadro qualificado de Juízes.

A Justiça Federal, para cumprir a sua função, deve ser moderna, ágil, flexível e, sobretudo, eficiente. Somente assim preencherá o seu espaço.

Além disso, o ambiente democrático exige do Poder Público, como um todo, transparência e lisura. Não basta ao homem público, aos Juízes Federais, serem honestos e trabalhadores, têm de parecer como tais perante a sociedade.

À Justiça Federal cabe ocupar a sua função de forma ampla e consistente, evitando que outros Poderes do Estado evoquem indevidamente atribuições que não lhes são próprias ou que não dêem o devido acatamento às suas decisões.

É verdade que, quanto mais importante, em razão da sua atuação firme e decisiva, mais visada será a Justiça Federal pelos outros Poderes, pela imprensa e pelo próprio cidadão.

Mas o exercício do poder envolve responsabilidade e cobrança. Por isso, deve-se estar preparado. A coragem de ocupar espaços tem alguns ônus dos quais não se pode fugir.

Em poucas palavras, é assim que deve ser a Justiça Federal: estruturalmente bem organizada e dimensionada, administrada de forma moderna, com vista ao interesse público, rápida, confiável e firme.

Capítulo sétimo

Propostas concretas de mudança

"... é na arte de governar que se vai buscar a solução."
Eliana Calmon

Encontrando soluções

A compreensão dos desafios enfrentados atualmente pela República Federativa do Brasil, na sua busca pelo crescimento econômico e pelo desenvolvimento, e do papel do Judiciário na estrutura institucional e política do Estado, permite-nos descobrir onde e em que medida a Justiça Federal precisa melhorar.

Identificados os problemas à partir da vivência diária no exercício da magistratura federal, cumpre-nos buscar, com olhar clínico, inspiração, pesquisa e bom-senso, o caminho das alterações que se fazem necessárias.

Muitas delas já estão em curso e merecem ser intensificadas. Juízes de elevado quilate, com suas iniciativas à frente dos cargos administrativos, têm dignificado a Justiça Federal com uma atuação moderna, ambiciosa e, ao mesmo tempo, realista. Há, porém, alterações importantes que ainda precisam ser levadas a efeito com empenho. Por fim, algumas sequer foram descobertas, mas, com certeza, mostrar-se-ão, oportunamente, a partir do descortino de

JUSTIÇA FEDERAL: PROPOSTAS PARA O FUTURO 57

qualquer dos eminentes membros da Magistratura Federal.

A seguir, são expostas algumas propostas para a solução de problemas da Justiça Federal, a fim de que sejam analisadas pelos Juízes, avaliadas pelos mais doutos e, quem sabe, implementadas por aqueles que detêm o poder de decisão e a responsabilidade de conduzirem as reformas para a modernização da instituição.

Mudanças efetivas

É fundamental que se apresentem propostas concretas de mudança para o Judiciário. São corretas as constantes críticas no sentido de que não basta diagnosticarmos os problemas; temos que criar soluções e implementá-las, ou seja, temos que partir para a ação, para os fatos.

Nessa perspectiva é que passo a apresentar as mudanças que entendo necessárias na estrutura e na postura do Judiciário Federal.

Ressalto, porém, que muitas das mudanças de que o Judiciário precisa dependem da evolução da idéia que os próprios Juízes fazem do seu papel na Administração Pública e na sociedade como um todo. Embora tal se constitua em algo difuso e pouco palpável, pode influir mais para o engrandecimento do Judiciário do que dezenas de propostas concretas, realmente úteis e adequadas, de alterações estruturais e administrativas, que se esgotam diante da necessidade de evolução constante trazida pelo mundo moderno.

Por isso é que foram colocados, nos primeiros capítulos, os fundamentos para a compreensão e vivência do Judiciário como um verdadeiro Poder do Estado, que necessita voltar-se para as modernas tendências em Administração Pública e imprimir uma ação abrangente, inovadora e firme para a solução dos seus problemas, a fim de cumprir sua função no desenvolvimento do País.

Classificação das reformas

A Comissão de Estudos das Cortes Federais dos Estados Unidos, composta por membros indicados pelo Presidente da Suprema Corte de Justiça, que, sob a direção do Congresso, desenvolveu um estudo dos problemas das cortes federais dos Estados Unidos da América, bem classificou as reformas a que se pode submeter o Judiciário. São elas a reforma estrutural e a administrativa. Aquela diz respeito à estrutura da instituição, como, por exemplo, ao sistema piramidal, com diversos níveis de competência e a possibilidade de recursos; a reforma administrativa, a que se pode implementar independentemente de modificações estruturais, como a melhora da organização e do desempenho, com vista à eficiência interna nesta ou noutra estrutura. Numa reforma desta natureza, estão abrangidas a introdução de novos métodos de administração, a otimização dos serviços e dos recursos humanos.

Há, ainda, uma outra espécie de mudança que influencia toda a forma de ser do Judiciário, tendo repercussão nas demais, por estar à base de tudo. Trata-se das alterações de postura dos Juízes, como órgãos políticos e comprometidos com o desenvolvimento, e do próprio Poder. Por uma razão lógica, estas têm precedência.

Alterações de postura

As alterações de postura não dizem respeito, diretamente, à solução deste ou daquele problema da Justiça Federal. Influem, sim, na sua própria concepção, no papel que os Juízes pretendem desempenhar na República Federativa do Brasil. Assim, são abordadas de maneira ampla.

JUSTIÇA FEDERAL: PROPOSTAS PARA O FUTURO 59

Agilidade administrativa e política

A solução de diversos dos problemas que afetam a Justiça Federal depende da assunção de uma postura ativa por parte dos Juízes. Devemos passar para o papel de verdadeiros atores na consecução dos objetivos indicados pelo interesse dos cidadãos. Para que possamos vencer os desafios que se apresentam, temos, necessariamente, que estar dispostos a agir, a criar e propor alternativas, a influir politicamente, a nos mostrarmos e a obtermos o apoio da sociedade para a consecução dos fins que a todos aproveitam.

Não podemos assistir, passivos, à ineficácia das decisões judiciais, como ocorria no sistema de precatório quando a taxa inflacionária era alta. Não há imagem do Judiciário que se sustente ante o calote no pagamento das dívidas da União por precatório, sem correção monetária. O jurisdicionado, ao receber a repetição do que pagou indevidamente a título tributário, por exemplo, tinha uma justa frustração e um sentimento de espoliação irrecuperáveis. Isso redundava num descrédito para a Justiça e no não-cumprimento da sua função. Da mesma maneira quando as liminares e sentenças deixam de ser cumpridas a contento pelos agentes públicos.

A prestação jurisdicional não pode ser transformada numa farsa, nem pode o Judiciário ser usado pelos demais Poderes como cúmplice da ineficiência das políticas federais. Não se pode admitir o aviltamento da jurisdição.

Impõe-se, sim, o comprometimento de todos os Juízes com a efetividade da jurisdição, que envolve não apenas dizer o direito, mas, principalmente, entregar o bem da vida, eis que com isso é que se manifesta a soberania do Estado no plano dos fatos.

Assunção do papel político

A assunção, pelos Juízes, do seu papel político, pressupõe comprometimento com a situação do País e coragem para influir positivamente em busca das reformas necessárias. A iniciativa e o despreendimento, aqui, tomam papel relevante. É bom lembrar a lição de que inexistem três Poderes distintos, mas um único poder soberano. Há, sim, três funções, desempenhadas cada uma por um dos denominados Poderes do Estado. O Governo, assim, ressalto, são os três Poderes. E governo pressupõe ação.

De nada adianta o Juiz Federal ficar fechado em seu gabinete, preocupado unicamente em baixar as inúmeras e infindáveis pilhas de processos que diariamente são conclusos para despacho e para sentença, bem como diminuir o saldo histórico de processos, se não atenta para os problemas estruturais que influem diretamente no seu dia-a-dia, na própria atividade jurisdicional, e que a distorcem, muitas vezes aviltando a dignidade da função. Ter uma boa produção de sentenças, quantitativa e qualitativamente, é importante, sem dúvida. Mas não é suficiente que nos preocupemos com a perfeição lógica e formal do nosso trabalho.

Impõe-se que se medite sobre os porquês de se repetirem ações idênticas às centenas e milhares. Não será pela ausência de instrumentos processuais (ações com eficácia *erga omnes* ou outros institutos) que racionalizem a prestação jurisdicional? Não estaremos, ao prolatar sentenças idênticas em profusão, nos transformando em meros despachantes? Quem sabe não se fazem necessárias reformas nos órgãos públicos responsáveis pelas ações ilegais e inconstitucionais? Não haverá a possibilidade de se dar às súmulas efeitos vinculantes, no que diz respeito à sua observância pela Administração Pública?

O fato de não dispormos de computadores em número suficiente, ligados em rede e com possibilidade de acesso

JUSTIÇA FEDERAL: PROPOSTAS PARA O FUTURO **61**

direto dos gabinetes à jurisprudência e legislação decorre da falta de verba orçamentária ou de uma administração mais atenta dos recursos disponíveis?

O acúmulo de serviço, sem que estejam todas as Varas Federais e Turmas, já criadas por lei, devidamente instaladas e que estejam com todos os seus cargos de Juiz Federal Substituto e Juiz Federal lotados, não decorrerá de distorções na eleição das atenções prioritárias da Administração do Judiciário? Ou do irrealismo e inépcia dos critérios de seleção dos magistrados nos concursos públicos?

Os problemas nos serviços de apoio nas diversas seções judiciárias não decorrerão do fato de o Juiz Diretor do Foro não poder dedicar-se com exclusividade à administração da Justiça, ao conhecimento das rotinas e dos problemas e ao levantamento e implementação de soluções?

O acatamento de orientações técnicas das Diretorias de Informática, feitas em tese, da adoção de sistemas de segurança nos microcomputadores fornecidos aos Juízes, a fim de protegê-los da ingerência de pessoas não autorizadas à sua utilização ou mesmo de vírus, mas que tem o efeito colateral de restringir a exploração de toda a potencialidade do equipamento, uma vez que impede o acesso ao sistema operacional, não estará sendo danoso? Não estaremos invertendo os valores, sem atentarmos para o interesse maior da função jurisdicional? Não estaremos deixando de visar à otimização da atividade-fim em razão de preocupações que podem ser solucionadas por outros meios?

Além disso, do que adianta prolatarmos sentenças belíssimas, em curto prazo, dizendo o direito com perfeição, se nossas decisões não são cumpridas a contento, se não conseguimos entregar o bem da vida a quem de direito, seja pela resistência de agentes públicos ou por empecilhos de ordem legal ou constitucional, como no caso dos precatórios em época inflacionária? Não devemos nos preocupar com a prestação de uma justiça real e não-simbólica? Se há obstáculos, ainda que resultantes de condicionantes externas, não cabe ao Judiciário influir para que sejam afastados? Tenho que sim. A preocupação do Juiz tem que ser com o exaurimento da prestação jurisdicional. A função da Justiça Federal tem fundamento na soberania da União, e não há argumento que leve à admissão da sua inoperância. O Judiciário, como Poder, tem que exercer plenamente a sua função de guardião da Constituição e das leis, dos direitos fundamentais do cidadão e da autonomia dos entes federativos.

Ressalto que, muitas vezes, a implementação de uma reforma, no nível administrativo ou legislativo, a partir de uma inspiração surgida com a meditação sobre os problemas, pode repercutir enormemente na própria prestação jurisdicional. Uma idéia boa, de natureza abrangente, se implementada, pode economizar muito esforço desnecessário. Um exemplo claro e bastante atual diz respeito ao recurso de agravo, que deverá, em breve, ter seu rito bastante modificado e simplificado, assemelhando-se ao de um mandado de segurança contra ato judicial. A aprovação desta modificação não poupará muito serviço às Secretarias e não liberará os Juízes de processar os recursos de agravo, com diversos despachos, fiscalização do pagamento de custas e juízos de retratação?

Em suma, ressalto que o Juiz deve se sentir governo, deve sentir-se responsável pelas mudanças necessárias para que a Justiça Federal seja eficiente e influa positivamente para o desenvolvimento do país. O Juiz não é um mero técnico, um erudito. É um órgão político que precisa ter uma visão larga dos problemas e dos desafios enfrentados.

Reformas estruturais

Limitação dos recursos

Ainda na linha de que a Justiça Federal deve assumir seu papel político, impõe-se que as demandas não se eternizem e que não se utilizem os tribunais superiores para discussão de assuntos cuja uniformização não seja uma necessidade e em que não haja um interesse amplo da Federação. As demandas devem ser decididas na primeira instância, com recurso para os Tribunais Regionais Federais e aí se esgotarem, salvo em casos estritos. As hipóteses de recursos para o Superior Tribunal de Justiça e para o Supremo Tribunal Federal têm de ser reduzidas, levando-se em conta o interesse federativo na sua eleição, e não mero ideal de uniformização, desnecessário muitas vezes em questões meramente processuais. Os tribunais superiores não se devem ater a lides menores, uma vez que o seu papel é o de serem "formadores de princípios, criadores de precedentes, orientadores" (Rosa). É importante liberar o STF e o STJ para que, nas questões mais importantes, possam dar respostas imediatas, com repercussão ampla no volume de processos nas primeira e segunda instâncias principalmente da Justiça Federal.

Além disso, não se pode permitir que o centro da litigiosidade, o centro decisório, passe da primeira para a segunda instância. A demanda pela prestação jurisdicional é muito grande e não há perspectivas de retração. Assim, não é conveniente nem racional que a maioria das causas julgadas no Juízo Singular suba com recurso voluntário ou de ofício. Isso ocorrendo, como de fato acontece hoje, implica a necessidade de aumento do número de Juízes nos Tribunais, que se tornam cada vez maiores, o que favorece a formação de posições divergentes na segunda instância. Cria-se, então, uma roda-viva, pois a divergência entre as Turmas aumenta a insegurança quanto ao direito e incentiva a interposição de mais recursos, aviltando a importância da prestação jurisdicional de primeiro grau. Realmente, não há dúvida de que, com o deslocamento do centro decisório para a segunda instância, os Juízes singulares têm sua importância reduzida praticamente à condução da instrução dos processos, uma vez que suas decisões não prevalecem, mas sim o acórdão provocado pelo recurso que certamente será interposto. Isso é um ponto negativo, sem falar no fato de que, quanto maior o número de Juízes, mais difícil é garantir a qualidade da prestação jurisdicional.

Seria bastante oportuno, nessa linha, estudar a possibilidade de redução dos casos de reexame necessário das sentenças, uma vez que o Juiz é duplamente fiscalizado, sem necessidade. Nos mandados de segurança, por exemplo, há a atuação do Ministério Público Federal, como fiscal da lei, e, ainda, a imposição de recurso de ofício nos casos de concessão da ordem. Tal poderia ser modificado, sem prejuízo para a segurança jurídica, dispensando-se o recurso oficial ao menos quanto às matérias sumuladas.

Essas medidas de limitação de recursos redundariam, certamente, na redução da morosidade da prestação jurisdicional e numa maior segurança jurídica.

Especialização das Varas

Atualmente, a Justiça Federal conta com Varas especializadas em execuções fiscais, outras em benefícios previdenciários e algumas em matéria criminal, ficando para as demais, chamadas simplesmente de Varas Federais, a competência para o julgamento de todas as outras demandas.

A especialização até aqui levada a efeito tem mostrado bons resultados no Rio Grande do Sul e no Paraná. A produtividade dos Juízes aumenta nas Varas especializadas e é possível identificar melhor os problemas de processamento e as impropriedades legais para cada matéria, bem como as externalidade, entendidas estas como circunstân-

JUSTIÇA FEDERAL: PROPOSTAS PARA O FUTURO 65

cias externas ao processo e ao direito material discutido, mas que influem na efetividade da prestação jurisdicional, como, por exemplo, a falta de organização e de estrutura de alguns órgãos públicos, solicitados a colaborarem com o Juízo, ou mesmo o sistemático descumprimento de ordens judiciais por parte de agentes públicos federais.

Se, por um lado, a especialização tem seus pontos positivos, também tem aspectos negativos, como a restrição do Juiz a um único ramo do direito, com o estreitamento da visão de Justiça que isso pode causar a longo prazo.

Os pontos positivos da especialização, no entanto, são em bem maior número, além do que há possibilidade de os Juízes ficarem alguns anos em Varas especializadas e pedirem remoção, evitando, assim, a perda do contato com outras matérias.

Dessa forma, deve-se implementar, em toda a Justiça Federal e nos Tribunais Regionais Federais, a especialização de Varas e Turmas, tanto quanto necessário, o que contribuirá, certamente, para o aumento da celeridade e da qualidade da prestação jurisdicional.

Há de se ficar bastante atento, entretanto, para as manifestações de alguns profissionais do Direito que, em vista dos avanços tecnológicos e da crescente dificuldade de entendimento da linguagem técnica usada em diversas ciências, têm propugnado pela especialização mais intensa da Justiça, com criação de Juizados específicos para questões atinentes à informática, à medicina e outras. Ora, a função do Juiz é conhecer o Direito, e não substituir os peritos.

O Juiz, por natureza, não deve adentrar profundamente em questões técnicas envolvidas na demanda. Para tanto, nomeia perito de sua confiança, podendo rejeitar laudos que entender insuficientes e repetir atos até que se dê por satisfeito e seguro para a decisão. Diga-se, ainda, que, em questões que envolvam discussões técnicas de elevada indagação, nada impede que as partes optem por resolvê-las por arbitramento. De fato, o juízo arbitral pode ser uma solução para tais casos. O que não pode ocorrer é o desvirtuamento da atividade jurisdicional, transformando-se o Juiz, profissional do Direito, num especialista em ciências da computação, em ciências médicas, etc.

É verdade que o Juiz deve, isso sim, ter formação cultural, tanto quanto possível, ampla nas diversas áreas do conhecimento humano, a fim de bem se situar diante de qualquer demanda. Mas isso deve ser entendido nos devidos termos, guardados os limites do útil e do pertinente.

A especialização dos Juízos Federais, assim, deve ser incrementada, com atenção aos critérios da necessidade e da conveniência. Efetuada, resultará em mais rapidez e qualidade.

Interiorização

A interiorização da Justiça Federal, bastante avançada, principalmente na terceira e na quarta Regiões, também é importante, tendo-se consagrado como uma medida importante nos últimos anos.

A interiorização aproxima a Justiça do jurisdicionado e contribui para uma melhor distribuição do serviço. Com ela, a Justiça Federal torna-se mais presente e significativa para as diversas comunidades.

Convém, pois, que se prossiga neste caminho, selecionando-se as cidades que comportam a instalação de Varas Federais, em razão da existência de fontes que atraem a competência da Justiça Federal, como a existência de Universidade Federal, de Unidades do Exército, de porto e de Delegacia da Receita Federal. Os critérios não podem ser meramente políticos, mas, necessariamente, voltados à identificação das cidades que têm real necessidade da instalação de Vara Federal.

A intensificação da interiorização tem, como efeito maior e bastante positivo, facilitar o acesso à Justiça Federal.

Propostas estruturais alternativas

Há outras propostas de natureza estrutural que têm sido suscitadas na esfera federal. Uma delas é a de instalar Turmas dos TRFs fora da sua sede, em outras seções judiciárias, com o fim de tornar mais acessível o segundo grau de jurisdição e dar celeridade aos julgados. Não parece, entretanto, uma boa idéia. Isso, por várias razões. Primeiro, porque estas turmas, a que chamarei de "turmas avançadas", necessitariam de uma estrutura de apoio mais cara do que se fossem instaladas novas turmas nos próprios TRFs; segundo, porque, de qualquer maneira, haveria questões que teriam que ser submetidas por tais turmas às Seções ou ao Plenário, além do que haveria a necessidade de deslocamento permanente dos Juízes também para as sessões ordinárias do Plenário, etc; terceiro, porque os Tribunais perderiam sua unidade.

Uma proposta que também tem sido colocada, diante da sobrecarga de processos a que estão sujeitos os Juízes de primeira instância, é a de transformar a função de Oficial de Gabinete em um cargo em comissão. Tenho que isso não é uma solução, nem é desejável. Não se pode pensar em criar mais cargos de assessor de Juiz. Em sendo necessário, a fim de diminuir a carga de processos, devem ser criados mais cargos de Juiz. Isso evita que terceiros exerçam função típica do magistrado, ainda que sob orientação e responsabilidade deste, e que diminua a qualidade da prestação jurisdicional. Cabe ao próprio Juiz estudar e fazer suas sentenças. Além disso, um cargo em comissão DAS 5 tem um custo muito próximo ao de um cargo de Juiz. A diferença de remuneração não é tão significativa, mas as atribuições e responsabilidades são. A relação custo/benefício de se criar mais cargos em comissão para assessoramento do Juiz, pois, não é positiva.

Ressalto, ainda, a recente discussão de um projeto de criação de Juizado de Pequenas Causas na Justiça Federal. Tenho que não há, na Justiça Federal, número suficiente de causas que possam ser consideradas de menor importância, a ponto de justificarem uma cognição sumária ao estilo dos Juizados de Pequenas Causas. Além disso, constando, num dos pólos da demanda, a União ou suas Autarquias, não há possibilidade de transação, o que retira muito do proveito dos referidos Juizados. Faço essas observações porque o fato de a Justiça Federal passar por problemas não significa que se devam implantar todas as propostas que venham a surgir. É necessário avaliar-se, com cuidado, todas elas, selecionando aquelas que se mostrarem mais adequadas e viáveis.

Reformas administrativas

Há reformas de natureza administrativa que podem ser implantadas no âmbito da Justiça Federal de primeira instância, outras nos Tribunais Regionais Federais e, por fim, algumas que dizem respeito aos órgãos de cúpula da Justiça Federal. Vejamos algumas propostas que entendo válidas.

Revolução na administração do Judiciário

O fato de a prestação jurisdicional constituir-se numa das funções que, ainda hoje, atribui-se com exclusividade ao Estado e que se entende que somente ele pode exercer não significa que esteja à margem dos novos conceitos de eficiência que se possui hoje em todos os setores. O Judiciário deve buscar, sempre, a otimização dos serviços prestados, procurando satisfazer da melhor maneira possível seus "clientes", que são os jurisdicionados, pessoas físicas ou jurídicas, privadas ou públicas. Isso se consegue através de uma ação célere, eficiente e eficaz.

Não importam quais as técnicas de administração que serão utilizadas, qual a tendência do momento, mas sim que se desenvolva uma visão permanente em busca de eficiência e de eficácia e que se implementem projetos no sentido de alcançá-las, o que é fundamental em razão da natureza da função jurisdicional. Devem-se adotar medidas para oferecer a melhor prestação jurisdicional no menor tempo possível e com o mínimo de custo.

Os Juízes Diretores do Foro, nas capitais em que haja um grande número de Varas e de funcionários nos setores administrativos, têm de ter dedicação exclusiva à administração, não sendo obrigados a acumularem a Direção do Foro com a prestação jurisdicional típica. Além disso, necessitam ser assessorados por profissionais capacitados, com formação específica em Administração. Poder-se-ia criar alguns cargos superiores de Administradores na Direção do Foro, subordinados ao Juiz Diretor do Foro, exigindo-se, para a investidura, formação acadêmica pertinente.

Essas são, aliás, necessidades prementes, que precisam ser levadas a efeito. Somente um Juiz com disponibilidade de tempo para se dedicar à administração é que poderá familiarizar-se efetivamente com as questões burocráticas e tomar as rédeas para imprimir uma orientação finalística adequada aos serviços de apoio, cujo funcionamento é básico e bastante importante como facilitador da prestação jurisdicional.

Impõe-se, igualmente, que haja muito cuidado na indicação de Juízes para a Direção do Foro. Tal precisa ser feito no interesse da Justiça, identificando-se, dentre aqueles que manifestam interesse em ocupar o cargo, os mais vocacionados à função. Isso porque nem todos os Juízes são afetos à administração na dimensão exigida pela Direção do Foro em uma grande capital ou mesmo estão dispostos a se afastarem, ainda que temporária e parcialmente, das suas Varas.

O mesmo pode ser dito relativamente aos cargos administrativos dos Tribunais. A indicação de um Presidente, de um Vice-Presidente e de um Corregedor é importantíssima, devendo reger-se mais pelo interesse da Justiça do que pela vaidade pessoal dos Juízes. A antigüidade nem sempre apresenta-se como um critério adequado, sendo pertinente, pois, o já adotado sistema de eleição.

Ainda no que diz respeito à administração do Judiciário propriamente, mostra-se clara a necessidade de uma aproximação maior das Direções do Foro com os Tribunais. É importante que haja coesão, entrosamento, encadeamento de ações e de orientação para que os serviços sejam levados a bom termo. Mas isso não depende de reforma alguma, senão da iniciativa dos eminentes Juízes que ocupam os cargos administrativos.

Certo é que a implementação de uma administração mais eficiente, a partir de métodos modernos e voltada à otimização dos serviços de apoio, teria efeito imediato na melhora dos serviços cartorários e mesmo na prestação jurisdicional, para os quais é fundamental uma boa infra-estrutura.

Informatização

A informática existe para facilitar a organização, o armazenamento e o acesso à informação. O Juiz Federal, em razão da diversidade de matérias que tem de enfrentar diariamente, bem como do número de leis e decretos que precisa consultar e de pesquisas jurisprudenciais que realiza, lida com um número muito grande de informações essenciais à sua atividade.

Não basta, pois, prover as Varas com computadores para serem usados como máquinas de escrever. Deve-se explorar ao máximo a potencialidade dos computadores.

Seria importante que se ensejasse a todos os Juízes Federais, não só dos Tribunais, mas também da primeira instância, o acesso direto, através dos computadores instalados nos gabinetes, à jurisprudência superior e à legislação federal. Também seria muito útil a ligação em rede do com-

JUSTIÇA FEDERAL: PROPOSTAS PARA O FUTURO 71

putador dos Juízes com as Secretarias das Varas e com outros Juízes, bem como o acesso, nos gabinetes, aos dados estatísticos e movimentações processuais.

Num dos Seminários sobre a Modernização da Justiça Federal, realizado em 1994, levantou-se, ainda, a idéia de que fosse criado um banco de sentenças, a fim de facilitar a pesquisa e a disseminação de informações. Pode-se, também, criar um correio eletrônico. São coisas simples, mas que em muito agilizariam a prestação jurisdicional e a comunicação entre os Juízes.

No que diz respeito aos equipamentos de informática, não faz sentido que sejam colocados à disposição dos Juízes com utilização previamente delimitada pelas Diretorias de Informática. Os Juízes têm de ter acesso ao sistema operacional dos computadores, de modo que possam inserir ambientes e programas, utilizarem-se de recursos novos, enfim, fazerem o melhor uso possível do equipamento, segundo seu interesse e conhecimento de informática e com ampla liberdade.

Por se tratar de uma área em fantástica expansão, é importante notar que não se pode deixar para depois a implementação desses projetos. O que se faz necessário hoje, amanhã já estará superado e será pouco.

Perícias

As perícias têm-se constituído num grande problema, na fase de instrução processual, quando a parte solicitante goza do benefício da assistência judiciária gratuita.

As tabelas de honorários a serem pagos aos peritos apresentam valores irrisórios, o que torna desinteressante o encargo e resulta na diminuição do empenho dos profissionais indicados para a elaboração dos laudos.

Assim, na hipótese da inexistência de convênio da Justiça com centros de perícias, faz-se indispensável que o Juiz seja autorizado a fixar os honorários em valor razoável, realmente representativo do trabalho realizado, segundo a dificuldade apresentada e o número de horas gastas pelo perito, bem como atendendo a outras peculiaridades, dentro de um limite razoável e real. No caso de improcedência da ação, a perícia solicitada por aquele Autor que litigou ao abrigo da AJG seria paga pela União, imediatamente, através de dotação orçamentária própria e no montante fixado pelo Juiz. Sendo procedente a ação, o Réu arcaria com o ônus, normalmente. A resolução deste problema permitirá que se preste justiça qualificada mesmo àqueles que não dispõem de meios para suportar as despesas processuais.

Assessorias de imprensa

O Judiciário não está fadado ao ostracismo. Embora atue apenas mediante provocação, com imparcialidade e discrição, precisa ter um amplo canal de comunicação com a sociedade, a fim de informar à população sobre os seus serviços, dar maior publicidade às causas mais relevantes para o País e prestar contas do seu trabalho.

Neste sentido, seria muito útil a criação de assessorias de imprensa verdadeiramente atuantes nos Tribunais, que dispusessem de informações sobre o andamento dos processos na primeira e na segunda instâncias, fornecessem aos repórteres o teor das decisões de maior impacto social e lhes prestassem esclarecimentos sobre a estrutura do Judiciário e sobre quaisquer outros assuntos a ele relativos. Enfim, assessorias que cumprissem o objetivo de dar transparência às atividades do Judiciário, não apenas no âmbito jurisdicional como no administrativo.

Hora do Brasil

Com o mesmo objetivo que fundamenta a sugestão de criação de assessorias de imprensa ágeis e atuantes perante os Tribunais Regionais Federais, tenho que seria imensamente importante a inclusão, na Hora do Brasil, de espaço reservado ao Poder Judiciário. Como Governo que é, precisa o Judiciário prestar contas da sua atuação, informar a população, dando-lhe conhecimento dos inúmeros esforços realizados para a melhora da prestação jurisdicional, no que diz respeito ao acesso à Justiça, à rapidez e qualidade da prestação jurisdicional.

Alguns minutos diários permitiriam colocar o País a par das decisões mais relevantes proferidas pelo Poder Judiciário, sem as distorções causadas pelo despreparo de alguns jornalistas na interpretação de sentenças e acórdãos e que normalmente aparecem nos jornais e programas de rádio e televisão do País. Teríamos uma fonte de informação confiável, útil não só para a população em geral, mas também para os próprios magistrados do País inteiro e para os demais órgãos políticos.

Trata-se, é certo, de um projeto abrangente, que não se restringiria à Justiça Federal, abrangendo, sim, o Poder Judiciário como um todo, sob a coordenação do Supremo Tribunal Federal ou do Superior Tribunal de Justiça. De qualquer maneira, a Justiça Federal muito teria a ganhar com este novo canal de comunicação.

Comissões de estudos e projetos

Muito contribuiriam para o combate às externalidades negativas, bem como para o descobrimento de fatos determinantes da eficácia ou ineficácia da prestação jurisdicional pela Justiça Federal, trabalhos de pesquisa do impacto da legislação e das decisões judiciais sobre a economia e o próprio Poder Judiciário e de elaboração legislativa.

De fato, seria bastante útil o estudo das conseqüências das leis sobre a economia, com o levantamento de dados estatísticos quanto ao número de demandas judiciais geradas em razão disso e o montante gasto para a prestação da jurisdição àqueles que se insurgiram contra a violação de seus direitos.

Da mesma maneira, interessantíssimo seria o estudo, por comissões de magistrados, do efeito, em termos de economia processual, das decisões do Supremo Tribunal Federal em ações diretas de inconstitucionalidade ou de constitucionalidade (e.g, COFINS), com efeito *erga omnes*, em contraste com o efeito do controle *in concreto*, com efeito *inter partes*, levado a efeito após longo tempo, quando uma das milhares de ações ajuizadas perante a primeira instância e já apreciadas pelos Tribunais Regionais Federais sobe com recurso extraordinário (e.g., FINSOCIAL). A partir deste tipo de análise, poder-se-ia verificar a economia de tempo e de recursos resultantes da rápida utilização das vias de controle direto da constitucionalidade das leis, bem como criar-se novos instrumentos processuais com vista a desafogar a Justiça Federal, para citar apenas algumas possibilidades.

A criação de uma Comissão Permanente para Avaliação do Impacto das Leis e Decisões Judiciais seria importante, também, para o trato científico do Direito, que é simplesmente ausente hoje. Isso abrangeria uma análise histórica e acompanhamento da eficiência das leis e do número de litígios decorrentes, a fim de melhorar o trabalho legislativo e jurisdicional, trazendo informações que desenvolvam a técnica legislativa, a relação entre os Poderes Executivo, Legislativo e Judiciário e apresente sugestões para a diminuição das demandas.

Poderia ser estudado, igualmente, o ganho obtido pela especialização de Varas, avaliando seu desempenho. Tudo isso pode ser analisado detidamente, podendo dar origem a soluções ainda não vislumbradas para os problemas da Justiça Federal.

A sugestão da criação de uma Comissão para Avaliação do Impacto das Leis consta também, e em primeira mão, no relatório da Comissão de Estudo da Justiça Federal Americana, já referida.

Estatísticas e análises abundantes sobre as leis e o volume da prestação jurisdicional, bem como sobre a relação de ambas, contribuiriam para que fossem encontradas soluções bastante úteis para o aperfeiçoamento da legislação processual e da organização da Justiça Federal.

Relativamente à legislação processual, é importante ressaltar que o Judiciário já vem atuando, em pequena escala, mas com muito sucesso, na elaboração de projetos de lei destinados à melhora da legislação processual. Pode ampliar sua ação neste campo.

Elaborados os projetos de lei, é fundamental que tenhamos vias de acesso ao processo legislativo, de forma a garantirmos a veiculação das propostas que visem ao aperfeiçoamento da legislação processual e à agilização da Justiça.

Sabemos que já estão em curso projetos para a mudança do Agravo de Instrumento, que passará a ser interposto diretamente perante os TRFs, nos moldes do que ocorre atualmente com os mandados de segurança contra ato judicial. Outro projeto que se poderia desenvolver é o de criação de uma ação que, na falta de Resolução do Senado para suspender a eficácia de diploma legislativo declarado inconstitucional pelo Supremo Tribunal Federal em decisão proferida *incidenter tantum*, permitisse aos jurisdicionados requererem, de maneira bastante simples, a extensão dos efeitos do acórdão do Plenário da Corte Maior à sua pessoa, bastando a invocação do precedente, sem a necessidade de rediscussão de todos os fundamentos de direito. Isso, é claro, pressupondo-se a inexistência de efeito vinculante do controle difuso pelo STF.

Algumas alterações simples na legislação processual podem gerar uma boa economia de serviço para os Juízes e para a Secretaria das Varas Federais, tornando mais racional e célere os procedimentos, razão por que é aconselhável a aplicação das comissões para o seu estudo e para a elaboração de projetos de lei.

Implementação de um projeto amplo para a Escola Nacional da Magistratura e para o Centro de Estudos Judiciários

O Juiz Federal, diferentemente do que ocorre com os magistrados dos Estados-Membros, já no início da sua carreira, é lotado nas capitais ou em outras cidades de grande importância, tendo que decidir questões relativas à administração federal e à tributação, muitas delas complexas e com efeitos amplos.

Assim, impõe-se que seja um profissional bem preparado e sereno.

O primeiro passo para que esse seja o seu perfil, é modificarmos a forma de seleção dos futuros magistrados.

O Ministro Sálvio de Figueiredo Teixeira diz que não se pode mais contentar com a aferição do conhecimento dos candidatos em concurso de provas e títulos e das condições pessoais dos mesmos mediante simples informações.

Precisa-se, no molde do que ocorre em diversos países da Europa (Itália, França, Alemanha), criar cursos preparatórios, estágios, acompanhamento integral por tempo razoável, a fim de avaliar o real preparo do candidato, sua potencialidade e vocação, tudo, evidentemente, dentro das possibilidades que um país em desenvolvimento oferece.

Isso depende de uma estrutura mais ampla e de verbas. Afinal, a formação do magistrado deve ser abrangente, deve ele compreender perfeitamente as instituições e a sociedade em que vive, histórica e culturalmente. Cursos e estágios que tenham essa preocupação são complexos e,

JUSTIÇA FEDERAL: PROPOSTAS PARA O FUTURO 77

por vezes, caros. O magistrado deve estudar os fatos da vida do País, não apenas as leis, de maneira que tenha uma visão global do fenômeno social e da conjuntura política e econômica em que é chamado a prestar a jurisdição.

Além da alteração na seleção dos magistrados, impõe-se que sejam tornados mais acessíveis os simpósios e cursos de aperfeiçoamento promovidos pelo Centro de Estudos Judiciários. Um bom passo nesse sentido foi dado com o início da transmissão destes eventos via EMBRATEL. Atualmente, magistrados federais do País inteiro podem assistir às palestras ministradas pelos maiores juristas e cientistas políticos sem precisarem se deslocar até Brasília. Isso significa a extensão dos eventos planejados pelo Centro de Estudos Judiciários a um número infinitamente maior de Juízes do que aquele que até então tinha a possibilidade de deles participar. Interessante, também, é que se levem às diversas regiões os simpósios, tomando os Tribunais Regionais Federais como sede. Isso promoveria um maior envolvimento de toda a magistratura com o Centro de Estudos Judiciários.

O aperfeiçoamento dos magistrados federais em exercício precisa ser priorizado. Muitas vezes, a solidão dos gabinetes dificulta que os Juízes renovem seus conhecimentos, vivenciem as evoluções doutrinárias e se relacionem com profissionais de outras áreas com vista à troca de conhecimentos e de experiência. O intercâmbio cultural com os outros Poderes do Estado também pode mostrar-se positivo, bem como a aproximação dos magistrados federais aos magistrados da Justiça Comum e da Justiça do Trabalho. Aliás, todas as iniciativas no sentido de prestar aos Juízes novas informações e permitir-lhes um maior entrosamento com promotores, procuradores e com o meio acadêmico têm efeito positivo sobre a qualidade da prestação jurisdicional.

A Procuradora do Estado de Minas Gerais, Drª Carmem Lúcia Antunes Rocha, em uma de suas palestras pelo País, procurou demonstrar a importância do aperfeiçoamento do magistrado e do profissional do Direito em geral, através de um conto que diz mais ou menos assim:

"Um fazendeiro, precisando obter lenha, contratou dois lenhadores para trabalharem, durante um dia, na sua propriedade. Iniciariam com o nascer do sol e trabalhariam até o entardecer. Deu a cada lenhador um machado. O primeiro dos lenhadores trabalhou incessantemente durante todo o dia, sem descanso e com dedicação. O segundo dos lenhadores também mostrava-se dedicado, mas a cada duas horas, retirava-se do local em que estava cortando as árvores e somente voltava vinte minutos depois. Durante o dia, pois, parou várias vezes. Ao entardecer, um capataz do fazendeiro veio conferir o trabalho e constatou que o segundo lenhador havia trabalhado melhor e expressou isso verbalmente. De pronto, o primeiro insurgiu-se, dizendo que tinha trabalhado sem trégua durante todo o dia e que o outro fazendeiro volta e meia parava, de maneira que não poderia este ser considerado o melhor. Diante do protesto, o capataz esclareceu que as paradas do segundo lenhador haviam sido feitas para afiar o seu instrumento de trabalho, o machado, e que ele aproveitava para recompor suas forças, além do que, no trecho que caminhava para retornar ao trabalho, avistava árvores melhores para serem cortadas, de maneira que, ao final do dia, havia produzido mais lenha e de melhor qualidade."

É fundamental percebermos a necessidade do aperfeiçoamento dos magistrados.

Alterações legislativas

Eficácia da prestação jurisdicional

A Justiça Federal vem sofrendo com a ineficácia das suas decisões. Dentre as causas, encontram-se a inexistência de tipo específico para a responsabilização penal dos agentes públicos que obstruem a ação da Justiça e do poder de o Juiz civil decretar a prisão do agente que descumpre suas decisões, bem como o sistema de precatórios. Vejamos, por ordem.

Criminalização da conduta de descumprimento de ordem judicial por parte de agente público

Têm-se visto, no exercício diário do mister jurisdicional, um lamentável espetáculo de desobediência a ordens judiciais por parte de agentes públicos. Embora não caiba, no âmbito deste estudo, aprofundar a análise da legislação processual civil e legislação penal pertinentes, certo é que os Tribunais vêm entendendo não haver um tipo específico que se adeque à conduta do agente público que se nega, explícita ou tacitamente, ao cumprimento de ordem judicial.

O crime de desobediência consta em capítulo do Código Penal que trata dos crimes praticados por particular contra a administração pública, não podendo a autoridade pública ser agente ativo do mesmo; a prevaricação, por sua vez, exige um dolo específico que, atendidos os princípios da tipicidade estrita que orienta o aplicador da legislação penal, dificilmente se configura no caso de descumprimento de ordem judicial, qual seja, a satisfação de interesse particular; a resistência também consta de capítulo atinente a crimes praticados por particular, além de exigir uma atitude agressiva do destinatário da ordem; por fim, o abuso de autoridade foi criado visando à proteção do particular contra atos do Poder Público, o que desborda do caso em tela.

Por outro lado, no âmbito processual civil, a utilização das *astreintes*, originárias do Direito Francês, mas permitidas no nosso ordenamento jurídico processual, penalizaria o ente público, e não o servidor diretamente. Sua desídia, pois, teria conseqüências quiçá funestas para o erário, de forma que o uso de disposições cominatórias contra a pessoa jurídica de direito público não se apresenta como uma boa solução para forçar os agentes públicos ao cumprimento das decisões.

Assim, para que não se viole a legalidade e não se parta para um confronto desgastante e desaconselhável entre os Poderes, a solução que se impõe é que órgãos do Judiciário propugnem pela criação de uma lei extravagante que preveja um tipo penal específico, tratando da punição de agentes públicos em casos de descumprimento de ordem judicial e dando ao Juiz do processo, mesmo que investido ordinariamente apenas de jurisdição civil, o poder de determinar a prisão, quando necessário, e de aplicar multa.

A Lei 5.021/66 já traz um tipo equiparando o descumprimento de ordem judicial à corrupção passiva, mas que se aplica, tão-somente, aos casos de não-encaminhamento de pedido de suprimento de recursos para pagamento de vencimentos e vantagens pecuniárias a servidor público federal em razão de sentença concessiva de segurança. Dispõe seu art. 3º: "A autoridade que deixar de cumprir o disposto no § 2º do art. 1º incorrerá nas sanções do art. 317, § 2º, do Código Penal e pena acessória correspondente".

Um novo instituto, de aplicação ampla, que dê ao Juiz do processo instrumentos para obter a eficácia indispensável à efetividade das suas decisões e que lhe permita punir o responsável pela negativa de cumprimento quando tal ocorrer, é necessário. Por cautela, poder-se-ia criar mecanismos que evitassem o uso abusivo desses poderes, como a imposição necessária de prazo mínimo para o cumprimento das ordens que implicassem situações irreversíveis, de forma a permitir, por exemplo, que fosse impetrado mandado de segurança contra ato judicial, neste ínterim, com vista a sustar a sua eficácia no caso de ter conteúdo ilegal ou abusivo.

Precatórios indexados

Outra medida necessária à garantia da efetividade da jurisdição é a reforma no sistema de pagamento das dívidas da União por precatório. Este sistema, que prevê o pagamento em valor nominal, não é sério, fazendo com que seja um bom negócio para a União ficar na posição de devedora, o que torna o Judiciário cúmplice de artimanhas legislativas manifestamente inconstitucionais. Diga-se, ainda, que a imagem do Judiciário é que fica abalada, uma vez que o indivíduo que vence, por exemplo, uma ação de repetição de indébito contra a União quer ver devolvido o montante que indevidamente recolheu aos cofres públicos e, entretanto, depara-se com a falta de efetividade da prestação jurisdicional.

Súmulas com efeito vinculante para a Administração

O Juiz, ainda que seja independente para decidir segundo a sua convicção, não pode ignorar a orientação das Cortes Superiores. Fechar-se na sua posição pessoal, quando já rechaçada pelos Tribunais, é atentar contra os princípios maiores da segurança e da igualdade, que devem inspirar a atuação do Judiciário.

Outrossim, o Executivo não pode fazer vistas grossas às decisões judiciais. Quando houver uma matéria pacificada, inclusive com Súmula editada, cabe ao Executivo observar a orientação prescrita pelo Judiciário, evitando assim prejudicar os cidadãos e o próprio funcionamento do Judiciário com o acúmulo de ações idênticas. Trata-se, acima de tudo, de uma questão de respeito à autoridade do Poder Judiciário, ao qual cabe dizer o direito.

Para que a segurança jurídica seja garantida e para que não se acumulem ações na Justiça Federal inutilmente, deve-se impor, por lei, efeito vinculante às Súmulas. Este efeito vinculante deve ser dado, também, às decisões do

Supremo Tribunal Federal que declarem a inconstitucionalidade de leis e atos normativos, mesmo quando proferidas no exercício do controle da constitucionalidade *in concreto*.

Neste sentido, há projeto de reforma constitucional, elaborado pelo Instituto de Estudos Avançados da Universidade de São Paulo, sugerindo a introdução de um § 2º no art. 102 da CF/88, com redação dispondo que "As decisões definitivas proferidas pelo Supremo Tribunal Federal que declarem a inconstitucionalidade de leis e atos normativos e a inconstitucionalidade por omissão têm eficácia *erga omnes* e efeito vinculante para os órgãos e agentes públicos." Segundo a "exposição de motivos" deste projeto, o efeito vinculante tem inspiração do *stare decisis*, próprio dos países da *common law*, onde os precedentes judiciais e o costume assumem fundamental importância como fontes do Direito.

A adoção, no nosso Direito, de efeito vinculante para as súmulas, relativamente aos agentes públicos em geral, traria muitos benefícios à prestação jurisdicional, principalmente no que diz respeito à segurança jurídica e à rapidez da prestação jurisdicional. A Justiça Federal, certamente, sentiria de pronto a eficácia de tal sistema, que obstaria a repetição incontida, por longo tempo, da dedução de pretensões idênticas, principalmente pelos contribuintes, em matérias já pacificadas.

Não há que se temer, por outro lado, a diminuição do poder dos Juízos Singulares, uma vez que o efeito vinculante atingiria apenas matérias já amadurecidas, tanto que pacificadas e sumuladas.

JUSTIÇA FEDERAL: PROPOSTAS PARA O FUTURO 83

Capítulo oitavo

Perspectivas de futuro: da crise à eficiência

Muito do futuro da Justiça Federal dependerá do desenvolvimento do País como um todo. A Justiça Federal, afinal, faz parte do contexto do Estado brasileiro. Se a inflação não for controlada, a Justiça permanecerá com sua função em grande parte prejudicada pelo caos monetário, gerador de inúmeras causas de difícil composição. Por outro lado, se tivermos uma moeda estável e forte, bem como políticas públicas adequadas à Carta Maior e à legislação, por conseqüência, o número de conflitos afetos à Justiça Federal diminuirá e poderá ela, então, cumprir sua função com maior agilidade e profundidade.

De qualquer maneira, cabe aos Juízes Federais cumprir o seu papel da melhor maneira possível, promovendo as mudanças que podem levar a Justiça Federal a prestar a jurisdição de maneira mais eficiente, com rapidez e segurança, num ou noutro contexto econômico e social.

Muitas delas já estão em curso, e a Justiça Federal dispõe do material humano necessário ao descobrimento e implementação das demais soluções de que necessita para resolver os seus problemas.

Basta que assuma sua condição de Governo, exercendo a parcela da soberania que lhe é própria.

Uma visão política e administrativa moderna pode encaminhar a Justiça Federal para as reformas de que necessita, colocando-a à frente do seu tempo.

Com certeza, a Justiça Federal saberá lidar com os seus desafios e trilhar o caminho do fortalecimento e da eficiência.

Bibliografia

CACHANOSKY, Juan C. *Eficiencia económica y sistemas jurídicos*. Trabalho realizado para o Colegio de Escribanos de Buenos Aires.

CALMON, Eliana. *Do Poder Judiciário na Constituição — Justiça Federal*. Seminário Sobre Direito Constitucional. Série Cadernos do CEJ 6, 1994.

CAPPELLETTI, Mauro; GARTH, Bryant. *Acesso à justiça*. Tradução de Ellen Gracie Northfleet. Sérgio Antônio Fabris Editor, 1988.

CARVALHO, Ivan Lira de. *O descumprimento de ordem judicial por funcionário público*. RT 709/295ss, 1994.

DELGADO, José Augusto. *A estrutura do Poder Judiciário e competência das instituições da Justiça Federal*. Seminário As Relações do Poder Judiciário com a Imprensa. Cadernos do CEJ 4, 1993.

LAMOUNIER, Bolívar; FORBES, Geraldo. *Revisão constitucional*. Coleção Documentos. Instituto de Estudos Avançados da Universidade de São Paulo, 1993.

LEME, Og Francisco. *Sistemas econômicos comparados*. Conferências do IL, 1992.

MACIEL, Adhemar Ferreira. Observações sobre os Tribunais Regionais Federais. *Revista Trimestral de Jurisprudência dos Estados*, 75/41ss, 1990.

MARINHO, Josaphat. *A Justiça Federal e sua importância política*. Palestra proferida na aula inaugural das atividades do Centro de Estudos Judiciários do Conselho da Justiça Federal em março de 1994. Selecta CJF/CEJ n° 7 (Serviço de Disseminação Seletiva de Informação).

NORTH, Douglass C. *Custos de transação, instituições e desempenho econômico*. Tradução de Elizabete Hart. Título original: Transaction Costs, Institutions, and Economic Performance. *Copyright*, 1992, International Center for Economic Growth. Edição IL, 1994.

OLIVEIRA, Regis Fernandes de. *O Juiz na sociedade moderna ou repensando o Judiciário*. Revista dos Tribunais 683/244ss, 1992.

ROSA, Fábio Bittencourt da. *Judiciário: diagnóstico da crise*.

SANTOS, Francisco Cláudio de Almeida. *Soluções para a Justiça*.

SILVA JÚNIOR, Edvaldo Batista da. A proposta de extinção da Justiça Federal. *Revista AJUFE*, Junho/1993.

VELLOSO, Carlos Mário da Silva. Problemas e soluções na prestação da Justiça. *Revista dos Tribunais*, 664/215ss, 1991.

WASHINGTON, Aroldo José. Justiça mais ágil. *Revista AJUFE*, Agosto/1993.

A JUSTIÇA FEDERAL *através de documentos*. Série Pesquisas do CEJ, v. 1, Brasília, Conselho da Justiça Federal, Centro de Estudos Judiciários, 1994.

A JUSTIÇA FEDERAL *e sua importância política*. Conclusões do Fórum de Debates promovido pelo CJF/CEJ, em 1994.

CONCLUSÕES DO FÓRUM *de debates A Justiça Federal e sua Importância Política*. CJF/CEJ, Março/1994.

RELATÓRIO DA COMISSÃO *de Estudos das Cortes Federais dos Estados Unidos*. Tradução de Caio Mário Caffé; revisão de Judite Amaral de Medeiros Vieira. — Brasília; Superior Tribunal de Justiça, Assessoria de Comunicação Social, 1992.

RELATÓRIO ESTATÍSTICO *Processual Justiça Federal 1989-1994*, Secretaria de Desenvolvimento Organizacional e Administrativo do Conselho da Justiça Federal. Brasília, 1995.